par Louis de La Monnoye.

5412

ALMANACH

BIBLIOGRAPHIQUE,

POUR L'AN MDCCIX,

Contenant le Catalogue des Livres imprimez dans ce Royaume pendant l'année 1707; les Titres des Edits & Declarations du Roy de la mesme année; les Archevêchez & Evêchez de France, avec le temps de leur érection, & les Noms & qualitez de ceux qui les possedent. Un Calendrier des Saints dont on celebre les Festes en France, & le temps de leur mort; les Phases de la Lune, &c.

On y a joint un Vocabulaire de la Langue des Sauvages qui habitent les Terres Magellaniques.

A PARIS,

Chez CHARLES HUGUIER, ruë de la Huchette, à la Sagesse.

MDCCIX.

Avec Approbation, & Privilege du Roy.

AVIS.

MON Deßein dans ce petit Ouvrage, est de suivre le projet qu'avoit formé le R. P. Jacob Carme, de donner la Liste de tout ce qui s'imprime chaque année dans le Royaume. Messieurs les Journalistes qui sont infatigables dans leur travail, ne pouvant donner au Public que l'analyse de quelques livres qui s'impriment dans l'Europe, sont obligez d'en passer plusieurs sous silence, qui peuvent estre utiles aux Gens de Lettres, & qui souvent demeurent ensevelis dans des magasins faute d'estre indiquez. Je ne pretends point encherir sur ces doctes plumes, me restraignant dans les bornes que je me suis prescrit. Je ne fais qu'annoncer les Livres qui sont sortis de deßous la preße l'an 1707. Je le fais commencer par une Liste generale de tous les Archeveschez & Eveschez du Royaume, avec le temps de leur erection, & le Nom de ceux qui les

poſſedent. J'y mets enſuite un Calendrier,
où ſont marquez les SS. dont la France
revere la memoire ; car à quoy bon chercher
dans des Royaumes éloignez des modeles
de vertu, tandis que la France en eſt
remplie ; chaque Diocéſe a ſes Martyrs, ſes
Confeſſeurs, & ſes Vierges. J'y ay ajoûté
un Vocabulaire des mots dont ſe ſervent
les Sauvages qui habitent les Terres Magellaniques : L'on ne s'étonnera pas s'il eſt
fort court, lorſqu'on ſçaura que ces pauvres
gens eſtant nuds, ſans jouir des commo-
ditez de la vie, ils ne cultivent aucun
art que celui de la peſche & de la chaſſe ;
leurs armes ſont arcs & fleches, & leurs
rets ſont faits de boyaux de poiſſons : c'eſt
la raiſon pourquoi ils ont ſi peu de mots
pour ſignifier leurs penſées. Si cet Ouvrage
peut plaire au Public, je ferai en ſorte
de le perfectionner dans la ſuite ; les premiers fruits n'ont pas la meſme beauté ni
la meſme bonté qu'ils acquierent avec le
temps ; & j'eſpere qu'avec le ſecours de
Meſſieurs mes Confreres, je n'obmettrai
rien de tout ce qui ſera imprimé dans ce
Royaume.

ALMANACH
BIBLIOGRAPHIQUE
POUR L'AN DE GRACE
MDCCIX.

ARCHEVESCHEZ
ET EVESCHEZ.

L y a en France dixhuit Archeveschez, & chaque Archevesque a sous luy des Suffragans, qui sont 109, ausquels le Roy nomme.

Comme le rang des Eglises de France n'a pas toûjours esté le même, & que son usage dans les Assemblées est de donner le pas à l'antiquité du sacre, pour ne pas porter préjudice aux qualitez, pretentions, ni à la dignité des Sieges, je les rapporterai ici par rang alphabetique.

AIX, Aqua-sextiæ, Aquensis civitas; elle a esté suffragante & soumise à la Metropole Ecclesiastique d'Arles, avant que de la devenir elle-mesme, ce qui subsistoit encore au VI. siecle. On dit que S. Maximin en fut le premier Evesque; peuteftre se trompe-t-on par la proximité du nom de Maxime qui souscrivit au IV. Concile d'Orleans l'an 541, le changeant en celui de Maximin. Charles-Gaspar-Guillaume de Vintimille du Luc, des Vicomtes de Marseille, Prieur de Flassans, de S. Pierre, & de Sainte Catherine du Luc, en est Archevêque.

CINQ SVFFRAGANS.

1. APT. *Apta-Julia.* On prétend que S. Auspice Martyr fut son premier Evesque au III. siecle. Joseph-Ignace de Foresta de Colongue.

2. FREJUS. *Forum Julium, Forum Julii.* Dont le premier Evesque fut S. Leonce, IV. siecle, à qui S. Leon le Grand donna la qualité de Primat de la Gaule Viennoise en la place de S. Hilaire en 445. André-Hercules de Fleury Abbé de la Rivour.

3. GAP. *Vapincum, Vapingum.* VI. siecle. On croit que Saint Constantin en fut le premier Evesque, mais elle estoit érigée en Evesché un siecle auparavant. François Berger de Malissolle, Comte de Gap.

4. RIEZ. *Reii, Reii Apollinarii, Reius Apollinarium, Civitas Regiencium* ou *Regienfis.* V. siecle. L'Evesque est Seigneur du lieu. Jacque Desmarets, Abbé de Nostre-Dame du Landais.

5. SISTERON. *Segustero, Sisterica, Segusteronum, Sistero, Segustero.* Valere en fut le premier Evesque, qui vivoit l'an 517. Louis de Thomassin.

ALBI. Albiga, Albia. III. siecle Evesché suffragant de Bourges. Elle fut érigée en metropole l'an 1678: la transaction faite à cet effet avec l'Archevesque de Bourges, portoit qu'il auroit sur cette nouvelle province le droit de Primacie ; mais le Pape Innocent XI. n'en parle point dans sa Bulle d'érection. Henri de Nesmond, Abbé de Chezy, Docteur en Theologie de la Faculté de Paris, le 13 Juillet 1682.

CINQ SUFFRAGANS.

1. CAHORS. *Cadurcum, Diviona Cadurcorum* III. siecle. L'Evesque est Comte & Baron du lieu. Henri de Briqueville de la Luzerne, Abbé de la Garde-Dieu , Docteur en Theologie de la Faculté de Paris, le 23 Avril 1686.

2. CASTRES. *Castrum, Castrum Albigensium.* Le Pape Jean XXII. l'érigea en Evesché, XIV. siecle, sous la Metropole de Toulouse. Honoré Quiqueran de Beaujeu.

3. MENDE. *Mimatum, Mimate.* VI. siecle. L'Evesché estoit des l'an 267 à Javoux , *Civitas Gabalarum ,* d'où il fut transporté vers l'an 500. L'Evesque est Comte de Givaudan. Clement.

4 RODEZ. *Rutena, Rutheni, Segodunum.*
S. Amant, ou communément Chamant, en
fut le premier Evesque au V. siecle. Paul-
Loüis - Philippe de Lezay de Luzignan,
Abbé de S. Barthelemi de Noyon. Il y eut
un Evesque à Arsat, *Arsitum,* au VI. siecle,
qui fut supprimé au VII. siecle.

5. VABRES. *Vabra, Vabrense Castrum, Vabra, Vabrium, Vabrineum.* En 1317 le Pape
Jean XXII. l'érigea en Evesché, & y joignit
une celebre Abbaye de l'Ordre de Saint Benoist. Louis de Baradat, Abbé de Clermont.

*AMBRUN, Ebrodunum, Caturi-
gum, Ebredunum.* IV. siecle. Le Pape S.
Leon luy conserva le droit de Metropole
qu'on luy vouloit contester dans le V. siecle. Charles Brulart de Genlis.

SIX SUFFRAGANS.

1. DIGNE. *Dinia, Digna, Dinensium.*
V. siecle. Henri Puget, Abbé de Simore,
Diocese d'Auch.

2. GLANDEVE. *Glandata, Glandate,
Glanatica, Glandateva Capillatorum.* V. siecle. Depuis le XVII. l'Evesque & le Chapitre font leur résidence au Bourg d'Entre-
vaux, Cesar de Sabran.

3. GRASSE. *Grassa, Grinicum.* XIII. siecle. L'an 1234 l'on y transfera l'Evesché
d'Antibe, *Antipolis,* érigé au V. siecle. Clement VIII. l'an 1592 le voulut réünir à Ven-

ce, ce qui ne réüffit pas. François Verjus, Abbé de Barbery.

4. NICE. *Nicæa*, *Nicianica*, *Pellanda*, En 439 Auxentius d'Aix y mit un Evêché : l'Archevêque d'Ambrun s'en plaignit au Pape, comme étant le Metropolitain de Cemele ou Cimies, de qui on l'avoit démembré ; surquoi les Diocéses furent unis. Cemele étant ruinée Charlemagne en rétablit le Siége à Nice vers la fin du VIII. siécle, & le remit sous Ambrun. Henri de Proüane.

5. SENEZ. *Sanicium*, *Urbs-Sanicienfis*. V. fiecle. L'Evefque & le Chapitre refident au Bourg de Caftellane qui en eft à deux lieuës. Jean Soanen, Prédicateur ordinaire du Roy.

6. VENCE. *Vincium*, *Vintium*, *Vencia*, *Ventia*, *Vencienfis Civitas*. IV. fiecle. Clement VIII. la voulut réünir à Graffe avec le confentement du Roy Louis XIII. mais les habitans prierent que cela ne fe fit pas. François de Berton de Grillon, Abbé de S. Leger.

ARLES. *Arelate*, *Arelatum*. III. fiecle. S. Trophime fon premier Evefque : elle fut érigée en Metropole dans le Concile de Turin en 397. Au V. fiecle la Primacie luy fut accordée ; mais cette qualité n'étoit que perfonnelle, & il ne luy eft refté que l'honneur de Metropole fur la feconde Viennoife. L'Evefque fe qualifie Prince de

Salon & de Montdragon. François de Mailly, Abbé de Maſſay & de Flavigny.

QUATRE SUFFRAGANS.

1. MARSEILLE. *Maſſilia* III. ſiecle, au IV.
Metropole, au V. reduite au titre d'Eveſché,
Poudenx , Agent General du Clergé de
France.

2. ORANGE. *Arauſio , Arauſica Civitas.* IV. ſiecle. Jean-Jacque d'Obeilh , Abbé
de S. Jacque de Montfort en Bretagne, Docteur en Theologie de la Faculté de Paris, le
16 Avril 1670.

3. S. PAUL-TROIS-CHASTEAUX. *Fanum
Sancti Pauli Tricaſtini.* V. ſiecle. Louis Aube de Roquemartine.

4. TOULON. *Telo , Telo Martius , To-
lonium.* IV. ſiecle. Armand-Louis Bonnin
de Chalucet , Abbé des Vaux de Cernay.

AUSCH. Auguſta Auſciorum. IV.
ſiecle , Eveſché, & au VIII. Archeveſché ,
auquel temps l'Archeveſché d'Eluſe, à preſent Eauſe, fut transferé ; celle-ci a eu des
Eveſques des le IV. ſiecle. Auguſtin de Mau-
peou , Docteur en Theologie de la Faculté de
Paris, le 20 Juin 1676.

DIX SUFFRAGANS.

1. AIRE. *Aturum, Vicus Julius.* VI. ſiecle. Gaſpar de Matha, Abbé de S. Cyran ,

Prieur, & Seigneur d'Orcet, Docteur en Theologie de la Faculté de Paris le 22 Avril 1688.

2. BAYONNE. *Baiona.* IX. siecle. Dreveillet.

3. BAZAS. *Vasates, Vasatum.* VI. siecle. Jacque-Joseph de Gourgues Prieur de S. Caprasi d'Agen, Docteur en Theologie de la Faculté de Paris, le 11 Aoust 1676.

4. COMMINGES. *Convena.* V. siecle. Jean-François de Brisay de Denonville, Abbé de la Bussiere & de Laizat.

5. COUSERANS. *Conseranum.* V. siecle. Isaac-Jacque de Verthamon.

6. DAX, DACQS, ACQS. *Aqua Tarbellica.* V. siecle. Bernard d'Abadie d'Arbocave, Abbé de S. Vincent du Luc.

7. LAICTOURE. *Lactora, Lactoracium.* VI. siecle. François-Louis de Polastron, Abbé de S. Sauveur de Blaye.

8. LESCARE. *Lascurra, Lascurrus, Beneharnum, Benearnensium Civitas.* V. siecle. L'Evesque est Président des Etats de Béarn, premier Conseiller au Parlement de Navarre, & premier Baron de Béarn. Dominique Desclaux de Mesplées.

9. OLERON. *Oleronensis Urbs, Elorona, Iluro.* VI. siecle. Joseph de Revol.

10. TARBES. *Tarba.* V. siecle. François de Poudenx.

BESANCON. Vesontio. III. siecle.

La dignité de Metropole luy fut difputée dans les fix fiecles fuivans, dont il jouiffoit inconteftablement dans le VIII. L'Archevefque fe qualifie Prince de l'Empire. François-Jofeph de Grammont, Abbé de Mont-benoift & de Bitaine, Prieur de Champlite, Beaupré, Juffey, & de Mortau.

TROIS SUFFRAGANS, deux en Suiffe.

BELLAI. *Bellicum, Bellica.* V. fiecle, où fut transferé Nions en Suiffe, *Civitas Equeftrium, Nividunum Neomagus,* Evefché du même fiecle. François Madot Abbé de Loroy & de Beaulieu

BOURDEAUX Burdegala, Burdigala. III. fiecle. Les Archevefques de Bourges ont pretendu longtemps foumettre cette Eglife à leur Primacie, & en avoient obtenu plufieurs Decrets du S. Siege. Clement V. quien avoit efté Archevefque, l'en affranchit en 1308; c'eft depuis ce temps que les Archevefques de Bourdeaux prennent la qualité de Primat de la feconde Aquitaine. Armand Bazin de Bezons, Abbé de Noftre-Dame de Reffons & de la Grace, Docteur en Theologie de la Faculté de Paris, le 17 Decembre 1681.

NEUF SUFFRAGANS.

1. AGEN. *Aginum.* IV. fiecle. François Hebert, Grand Vicaire de S. Jean de La-

tran pour la difpofition des Benefices dépen-
dans de l'Abbaye de Cleytac.

2. ANGOULESME. *Engolifma, Ecolifma.*
IV. fiecle. Cyprien-Gabriel Benard de Re-
zay, Abbé de la Grace-Dieu.

3. CONDOM. *Condomum.* XIV. fiecle.
C'eftoit une Abbaye de l'Ordre de S. Be-
noift, qui fut erigée en Evefché par Jean
XXII. en 1317. Louis Milon, Prieur de S.
Marcel, de Villers S. Sepulchre, & des
deux Gemeaux, Docteur en Theologie de la
Faculté de Paris, le 4 Juillet 1685.

4. LA ROCHELLE. *Rupella.* En 1640
on y transfera l'Evefché de Maillezais, *Ma-
leaca*, qui eftoit autrefois une Abbaye de
l'Ordre de S. Benoift, & qui fut erigée en
Evefché par Jean XXII. au XIV. fiecle.
Eftienne de Chamflour.

5. LUÇON. *Lucio, Luciona, Lucionum.*
Erigé en Evefché au XIV. fiecle, par Jean
XXII, c'eftoit une Abbaye de l'Ordre de S.
Benoift. Jean-François de Valderies de Lef-
cure, Docteur en Theologie de la Faculté de
Paris, le 17 May 1675.

6. PERIGUEUX. *Petracoria, Perigordium.*
IV. fiecle. Pierre Clement Docteur en Theologie de la Faculté de Paris, le 10 Juin 1678.

7. POITIERS. *Pictavium, Augustoritum,
Lemunum, Limonum.* III. fiecle. Claude de
la Peoype de Vertrieu.

8. SARLAT. *Sarlatum.* Erigé en Evef-

ché en 1317, par Jean XXII. C'estoit une Abbaye de l'Ordre de Saint Benoist, fondée par Clovis, & bastie par Pepin & Charlemagne. Paul de Chaulnes, Abbé de Pessan.

9. **XAINTES.** *Mediolanum Santonum, Santonica Civitas, Santones.* IV. siecle. Alexandre de Chevrieres de S. Maurice, Docteur en Theologie de la Faculté de Paris, le 22 Mars 1692.

BOURGES. Biturix, Biturices, Biturica, Biturigum, Avaricum. III. siecle. Dans le VI. quelqu'un luy donna la qualité de Patriarche; du temps de Charlemagne il fit ses efforts pour établir une espece de Primacie sur les trois Aquitaines, ce qui luy a causé de grandes contestations avec les Archevesques d'Auch & de Bourdeaux. Leon Potier de Gesvres, Abbé, Comte & Seigneur de S. Geraud d'Aurillac, Abbé de Bernay, Docteur en Theologie de la Faculté de Paris, le 30 Septembre 1694.

CINQ SUFFRAGANS

1. **CLERMONT.** *Arvernum, Claro Mons.* III. siecle. Les Evesques qui prenoient le titre d'Evesques d'Auvergne, ont affecté l'indépendance jusques en 1160, qu'ils se soumirent à Bourges avec la pretention de Prototrone. François Bochart de Sarron.

2. **LE PUY.** *Podium, Anicium, Velaunorum Podium.* VI. siecle. L'Evesque se dit

Seigneur du Puy, Comte de Velai, Suffragant immediat de l'Eglise de Rome. Claude
de la Roche Aymond.

3. LIMOGES. *Lemovica, Lemovicum, Augustoritum Lemovicum.* III. siecle. Antoine
de Charpin de Bennetines, Abbé de Pebrac.

4. SAINT FLOUR. *Floropolis, Fanum
Sancti Flori.* Jean XXII. l'érigea en Eves-
ché en 1317. C'estoit un Prieuré de Clugni.
L'Evesque est Seigneur du lieu. Joachim-
Joseph d'Estaing.

5. TULLE. *Tutela, Tutella.* Jean XXII.
l'érigea en Evesché en 1318. C'estoit auparavant une Abbaye de l'Ordre de S. Benoist :
l'Evesque est Seigneur & Comte du lieu.
Daniel-André Beaupoil de Sainte Aulaire.

CAMBRAY. Cameracum. Evesché au
IV. siecle, Paul IV. l'érigea en Archevesché en 1559, Prince de l'Empire au XV. siecle. François de Salignac de la Mothé Fe-
nelon, Prince du Saint Empire, Comte du
Cambresis, ci-devant Precepteur de Messeigneurs les Ducs de Bourgogne & de Berry ;
il est de l'Academie Françoise.

TROIS SUFFRAGANS en France.

1. ARRAS. *Atrebatum.* V. siecle ; uni ensuite à l'Evesché de Cambray, & rétabli en
1093, par Urbain II. L'Evesque est President
né des Etats d'Artois. Guy de Seve de Ro-
chechoüart, Abbé de S. Michel en Thiera-

che, Docteur en Theologie de la Faculté de Paris le 30 Mars 1666.

2. S. OMER. *Audomaropolis, Fanum Sancti Audomari*, érigé en Evesché par Paul IV. l'an 1559. Louis-Alphonse de Valbelle, ci-devant Maistre de l'Oratoire du Roy, Docteur en Theologie de la Faculté de Paris, le 10 Avril 1668.

3. TOURNAY. *Tornacum.* III. siecle, fut uni à l'Evesché de Noyon par S. Medard en 532, & desuni en 1147. René-François de Beauveau du Rivau, Abbé de S. Victor en Caux, & de Begard, Docteur en Theologie de la Faculté de Paris, le 13 May 1694.

LION. Lugdunum, Lugdunum Segusianorum, Lugdunum Celtarum. II. siecle. S. Pothin & S. Irenée jetterent les premiers fondemens de cette Eglise, qui fut ensuite arrosée par le sang de plus de vingt mille Martyrs; ce siege se glorifie d'avoir porté le nom de Patriarche sans aucun exercice jusqu'au temps de Gregoire VII. qui le declara en 1079, Patriarchal des quatre Lionnoises; Tours & Sens reclamerent en 1312. Philippe IV. dit le Bel appuya la Primacie sur ces deux Metropoles. Claude de S. George, Docteur en Theologie de la Faculté de Paris, le 25 Septembre 1673.

QUATRE SUFFRAGANS.

1. AUTUN. *Augustodunum, Augusta*

Æduorum, *Hedua*. IV. siecle. Protothrone. S. Gregoire accorda le *Pallium* à l'Evesque, ce qui fut confirmé par Jean VIII. L'Evesque est President né des Etats du Duché de Bourgogne, Administrateur du spirituel & du temporel de l'Archevesché de Lion, le Siege vacant, Comte de Saulieu, Baron de Touillon, de Grosne, d'Issi-l'Evesque, & de Lucerne. Bertrand de Senaux.

2. CHALLONS sur Saone. *Cabilo, Cabilonum*. IV. siecle. Henri-Felix de Tassy, Abbé de Mezieres, Docteur en Theologie de la Faculté de Paris, le 24 Septembre 1670.

3. LANGRES. *Lingones, Andematunum*. IV. siecle. L'Evesque est Duc & Pair de France; porte au sacre du Roy le Sceptre. François-Louis de Clermont de Tonnerre, Abbé de Tenailles & de Beze.

4. MASCON. *Matisco, Matiscona*. V. siecle. Michel Cassagnet de Tilladet, Abbé de la Honce, Docteur en Theologie de la Faculté de Paris, le 27 May 1678.

NARBONNE. Narbo, Narbo Martius, Narbona, Colonia Decumanorum. III. siecle. L'Archevesque prend le titre de Primat de Languedoc, il est President né des Etats. Charles le Goux de la Berchere, Prieur du Prieuré Royal de S. Maurice de Senlis, Docteur en Theologie de la Faculté de Paris, le 27 Février 1674.

ONZE SUFFRAGANS.

1. **AGDE.** *Agatha.* V. siecle. Philbert-Charles de Pas de Feuquieres, Abbé de Cormeilles, Docteur en Theologie de la Faculté de Paris, le 31 May 1686.

2. **ALAIS.** *Alesia.* Erigé en Evesché par Innocent XII. l'an 1694; l'Abbaye d'Aiguemortes ou Psalmodi y est unie. François Chevalier de Saulx, Abbé de Cherbourg.

3. **ALET.** *Alecta, Electa.* Erigée en Evesché l'an 1318, par Jean XXII. Il l'avoit mis d'abord à Limouth, d'où il le transfera l'année suivante à Alet. Nicolas Taffoureau de Fontaine, Docteur en Theologie de la Faculté de Paris, le 13 May 1682.

4. **BESIERS.** *Blitera, Biterra, Baitira, Betirra, Biterris, Biterensis Civitas.* IV. siecle. Charles-Alexandre Desaltrys du Rousset, Docteur en Theologie de la Faculté de Paris, le 9 Aoust 1698.

5. **CARCASSONE.** *Carcasso, Carcassum.* IV. siecle. Louis-Joseph Adheymar de Monteil de Grignan, Abbé de S. Hilaire en Carcassone.

6. **LODEVE.** *Luteva, Forum Neronis.* Erigée en Evesché vers l'an 415, par Patrocle Evesque de Marseille, au temps de ses pretentions; & ensuite rétablie par Jean XXII. L'Evesque se dit Seigneur de Lodeve, Comte de Monbrun. Jacque-Antoine Phelypeaux, Abbé de Namp.

7. MONTPELLIER. *Mons Peſſulanus*, *Mons Peſſulus*. En 1536, l'Evefché de Maguelone, *Maguelone*, *Magalona*, établi au V. fiecle, fut transferé à Montpellier par Paul III. Au VIII. fiecle le Siege de Maguelone fut transferé à Subftantion, *Subftantio*, en 1060 remis à Maguelone. L'Evefque fe qualifie Comte de Melguel & de Montferrant. Charles-Joachim Colbert de Croiſſy, Abbé de Froidmont, Docteur en Theologie de la Faculté de Paris, le 21 Mars 1692.

8. NISMES. *Nemauſius*, *Nemauſium*, *Volcarum Arecomicorum Nemauſius*, *Colonia Auguſta*. V. fiecle. Cet Evefché fut démembré en 1694, en faveur d'Alais. Efprit Flechier, Predicateur ordinaire du Roy, Abbé de S. Severin & de S. Eftienne de Beaigne, Prieur de Peyrac, de l'Academie Françoife, de celle des Ricovrati de Padoüe, Protecteur de l'Academie Royale de Nifmes.

9. PERPIGNAN. *Perpinianum*, *Papirianum*. En 1604, Clement VIII. y transfera l'Evefché d'Elne, *Elena*, *Helena*; on dit qu'il fut d'abord à Colioure, *Caucoliberis*; qu'au IV. fiecle, il fut transferé à Elne, qu'on veut eftre *Eliberris*, *Illiberis*: cet Evefché fut d'abord fous Narbonne; mais les Rois d'Efpagne à qui il appartenoit, l'avoient fait foumettre à Tarragone, d'où en 1642, il eft retourné à fa premiere Metropole. Jean Hervieu Bazan de Flamenville, Abbé de

Nôtre-Dame de la Reale, & de S. Michel de Couchay, Grand Inquisiteur és Comtez & Vigueries de Roussillon, Conflans, Cerdagne, & pays adjacens.

10. S. Pons de Tomiers. *Pontiopolis, Tomeria, Fanum Sancti Pontii Tomeriarum,* fut érigée en Evesché en l'an 1319, par Jean XXII. c'estoit une Abbaye de l'Ordre de S. Benoist, fondée par Ponce Duc d'Aquitaine en 936. Pierre-Jean-François de Persin de Montgaillard, Docteur en Theologie de la Faculté de Paris, le 12 Septembre 1661.

11. Usez. *Usetia, Uzetia, Ucetia, Utica.* V. siecle; exemt. L'Evesque est Comte d'Useis en partie, Prieur & Seigneur de la ville de S. Ambroise. Michel Poncet de la Riviere, Abbé de Saint Eloy-Fontaine, & de Breüil-Benoist, Docteur en Theologie de la Faculté de Paris, le 4 Février 1676.

PARIS. Lutetia, Parisii. III. siecle. Suffragant de Sens: érigé en Archevesché en 1621, avec trois Suffragans. Louis-Antoine de Noailles, Cardinal Prestre du Titre de Sainte Marie sous Minerve, Duc de S. Cloud, Pair de France, Commandeur de l'Ordre du S. Esprit, Doct ir en Theologie de la Faculté de Paris, le 14 Mars 1676, Superieur de la Maison de Navarre.

QUATRE SUFFRAGANS.

1. Blois. *Blesium, Blesense Castrum.* Erigé

en Evesché par Innocent XII. le premier de
Juillet en 1697, par un démembrement de
celui de Chartres ; le Roy en donna ses Lettres Patentes au mois de Mars suivant, qui
furent enregistrées au Parlement le 9 Avril, &
au Grand Conseil le 5 May de la même année 1698. David-Nicolas Berthier, Abbé
de Beloque unie à l'Evesché , Docteur en
Theologie de la Faculté de Paris, le 22 Aoust
1697, est son premier Evesque ; il fut sacré
au mois de Septembre 1697. Cet Evesché est
doté des Manses Abbatiales des Abbayes de
Saint Laumer de Blois & de Pontlevois de
l'Ordre de S. Benoist , & de celle de Bourg-
Moyen de l'Ordre de S. Augustin. L'Abbaye de Joyenvale Ordre de Premontré y
fut unie.

2. CHARTRES. *Carnutum, Autricum-Car-
nutum.* IV. siecle. Sous Sens S. Solenne Evêque
de Chartres fit ériger au V. siecle Chasteaudun
en Evesche par un démembrement de son
D'ocese ; ce qui subsista prés de 100 ans ; ensuite il fut réüni à Chartres. Paul Gaudet des
Marets, Abbé d'Igny en Champagne, Docteur en Theologie de la Faculté de Paris, le
31 Aoust 1677.

3. MEAUX. *Melda , Meldarum Urbs , Ja-
tinum.* III. siecle. Suffragant de Sens. Henri
Pons de Thyard de Bissy, Abbé de Trois-
Fonta nes, Docteur en Theologie de la Faculté de Paris, le 2 Janvier 1685.

4. ORLEANS. *Aurelianum, Aurelia, Aurella, Genabum Aureliorum.* III. siecle, sous Sens, Louis-Gaston Fleuriau, Docteur en Theologie de la Faculté de Paris, le 4 Février 1689.

REIMS. *Remi, Durocortum, Durocortum Remorum, Remi Durocortorum.* III. siecle. Primat de la Gaule Belgique, Vicaire ou Legat né du S. Siege, premier Duc & Pair, qui sacre les Rois tres Chrétiens. Charles-Maurice le Tellier, Commandeur des Ordres du Roy, & Grand Maistre de sa Chapelle, Conseiller d'Etat ordinaire, Abbé de Lagny, de S. Remy de Reims, de Bonne-Fontaine, de S. Benigne de Dijon, de S. Estienne de Caen, de Breteüil, de S. Thierry du Mont d'or, Docteur en Theologie de la Faculté de Paris, le 27 Février 1666. Proviseur de Sorbonne.

HUIT SUFFRAGANS.

1. AMIENS. *Samarobriva, Ambianum.* III. siecle. Pierre Sabbatier, Docteur en Theologie de la Faculté de Paris, le 27 Septembre 1685.

2. BEAUVAIS. *Bellovacum, Bellovaci, Cæsaromagus, Bratuspantium.* III. siecle. Comte & Pair, Vidame de Gerberoy: au Sacre du Roy il porte le Manteau Royal. Toussaint de Forbin de Janson, Cardinal de la Sainte Eglise Romaine du Titre de Sainte Agnés, Commandeur de l'Ordre du

S. Efprit, Abbé de S. Pierre de Corbie, de Preüilly, de Savigny, de Marchiennes. Grand Aumônier de France.

3. BOULOGNE. *Bolonia, Bononia, Morinorum Navale.* VIII. fiecle. rétabli en 1559, par Paul IV. du débris de l'Evefché de Téroüanne, *Taruana, Ternana,* qui fut partagé en trois ; Bologne Suffragant de Reims, S. Omer de Cambray, Ipres de Malines. Pierre de Langle, Abbé de S. Lo.

4. CHAALONS fur Marne. *Catalaunum.* IV. fiecle. Comte & Pair ; au Sacre du Roy l'Evefque porte l'Anneau Royal. Jean-Baptifte-Louis-Gafton de Noailles , Abbé d'Hautvilliers, Docteur en Theologie de la Faculté de Paris, le 31 Mars 1694.

5. LAON. *Laudunum, Laudunum Clauatum.* S. Remi en 497 établit cet Evefché , qu'il démembra de celui de Reims en faveur de fon neveu ; Duc & Pair de France, Comte de Danizy; au Sacre du Roy il tient la fainte Ampoule. Louis-Annet de Clermont, Abbé de S. Martin de Laon.

6. NOYON. *Noviomum, Noviomus, Noviodunum Sueffionum,* vel *Belgarum. Noviomagus Vadicaffium.* Cet Evefché eftoit à Vermand l'an 314, d'où il fut transferé en 531. L'Evefque eft Comte & Pair de France, il porte le Ceinturon ou Baudrier au Sacre du Roy. François de Chafteauneuf de Ro-

chebonne, Docteur en Theologie de la Faculté de Paris, le 22 Avril 1700.

7. SENLIS. *Sylvanectum, Augustomagus.* III. siecle. Jean-François Chamillart, Premier Aumônier de Madame la Duchesse de Bourgogne, Abbé de Foncombaut & de Baulne, Docteur en Theologie de la Faculté de Paris, le 10 Janvier 1685. Il est de l'Academie Françoise.

8. SOISSONS. *Suessiones, Augusta Suessionum.* III. siecle. Protothrone. Fabio Brulart de Sillery, Abbé de Saint Bale de Nôtre-Dame de la Pelisse, & du Gard, Docteu: en Theologie de la Faculté de Paris, le 23 Juillet 1682. Il est de l'Academie Françoise.

R O U E N. *Rotomagus, Rhotomagus.* III. siecle. Primat de Normandie, VIII. siecle. Gregoire VII. le voulut soumettre à la Primacie de Lion, mais sans succés. Claude-Maur d'Aubigné, Abbé de la Victoire, Docteur en Theologie de la Faculté de Paris, le 24 Juillet 1688.

SIX SUFFRAGANS.

1. AVRANCHES. *Abrinca, Abrincatum.* IV. siecle. Roland-François Querhoent de Coëtanfao, Docteur en Theologie de la Faculté de Paris, le 3 May 1689.

2. BAYEUX. *Baioca, Baiocum, Baiocassium Civitas, Juliobona Biducassium.* IV. siecle. Protothrone. Le Pape Gregoire XIII.

fut confulté fur cette qualité en 1581, fa réponfe ne fut pas favorable. François de Nefmond, Docteur en Theologie de la Faculté de Paris, le 6 May 1654.

3. COUTANCES. *Cofedia, Conftantia, Conftantia Caftra.* IV. fiecle. Charles-François de Lomenie de Brienne, Abbé de S. Eloy de Noyon, de S. Germain d'Auxerre, de S. Cyprien de Poitiers, Docteur en Theologie de la Faculté de Paris, le 28 Mars 1666.

4. EVREUX. *Ebroica, Ebroicum, Eburovicum, Eburaicum.* III. fiecle. Jacque Potier de Novion, Docteur en Theologie de la Faculté de Paris, le 2 Juillet 1676.

5. LISIEUX. *Lexovium, Lexobium, Neomagus.* V. fiecle. Leonor Goyon de Matignon, Abbé de Leffay.

6. SEEZ. *Sagium, Saiorum Urbs, Seffui, Vagoritum Sueffuoum.* IV. fiecle. Louis d'Aquin, Abbé de S. Denys de Reims, & de S. Serge d'Angers, Docteur en Theologie de la Faculté de Paris, le 29 Mars 1692.

SENS. Senones, Agendicum. III. fiecle. Charles le Chauve voulut y établir la Primacie des Gaules & de Germanie dans le Concile de Pontyon l'an 876, ce qui en fit prendre le titre ; mais il a efté obligé de reconnoiftre la Primacie de Lion. Hardoüin Fortin de la Hoguette, Abbé de Samblanceaux, Docteur en Theologie de la Faculté de Paris, le 24 Mars 1670.

QUATRE SUFFRAGANS.

1. AUXERRE. *Antissiodorum*. *Altissiodo-rum*, autrefois *Autrica*, du nom d'une éminence appellée *Autricum*, sur laquelle est basti le Palais Episcopal. IV. siecle. Charles-Daniel-Gabriel de Thubieres de Levy de Caylus, Abbé de S. Jean de Laon, Docteur en Theologie de la Faculté de Paris, le 9 Aoust 1696.

2. BETHLEEM. *Bethleem*. Au XIII. siecle, après la déroute des Croisez dans la Terre sainte, les Ducs de Nevers amenerent en France les Evesques Latins, ausquels ils donnerent l'Hôpital de Clamci, que les Papes ont érigé en Evesché titulaire. Il est vacant.

3. NEVERS. *Nivernum, Niverna, Nevernum, Noviodunum, Neomagus, Augustonemetum*. III. siecle. Edouard Vallot de Bargedé.

4. TROYES. *Treca, Trecasses, Tricasses, Augusta Tricassinorum Augustobona*. IV. siecle. Denys-François Bouthillier de Chavigny, Abbé d'Oigny & de Bassefontaine, & de Mortemer, Prieur de Beaumont en Auge, Docteur en Theologie de la Faculté de Paris, le 10 Avril 1692.

TOULOUSE. *Tolosa, Tolosatium, Tolosates*. III. siecle. Erigé en Archevesché en 1317, par Jean XXII. Jean-Baptiste-Michel Colbert de Villacerf, Conseiller-Honoraire au Parlement de Paris.

SEPT SUFFRAGANS.

1. LAVAUR. *Vaurium*, *Vaurum*. Où eſtoit un Prieuré de S. Auguſtin que le Pape Jean XXII. érigea en Eveſché l'an 1317, ſous Touloſe, par un démembrement de cet Archeveſché. Victor-Auguſtin de Mailly.

2. LOMBE's. *Lombaria*, *Lombarium*, *Lombaria*. Etigé en Eveſché par Jean XXII. l'an 1317; c'eſtoit auparavant une Abbaye de Nôtre-Dame de l'Ordre de S. Auguſtin. Dom Coſme Roger, Prédicateur ordinaire du Roy.

3. MIREPOIX. *Mirapicum*, *Mirapicium*, *Mirapincum*, *Mirapiſca*. XIV. ſiecle. Par Jean XXII. en l'an 1317. Pierre de la Brouë, Docteur en Theologie de la Faculté de Paris, le 22 Aouſt 1680.

4. MONTAUBAN. *Mons Albanus*. Erigée en Eveſché par un démembrement de celui de Cahors, l'an 1317, par Jean XXII. François-Henri d'Oſſonville de Nettancourt, de Vaubecourt, Abbé d'Aiſnav, Docteur en Theologie de la Faculté de Paris, le 16 Mars 1688.

5. PAMIEZ. *Pamia*, *Apamia*. Erigée en Eveſché par le Pape Boniface VIII. en 1296. Le Chapitre eſt regulier. Jean-Baptiſte de Verthamon, Docteur en Theologie de la Faculté de Paris, le 6 Septembre 1678.

6. S. PAPOUL. *Papulopolis, San-Papulum, Fanum Papuli.* C'eſtoit une Abbaye de l'Ordre de S. Benoiſt dediée à S. Papoul, qui fut érigée en Eveſché par Jean XXII. l'an 1317. François-Barthelemi de Lenta de Grammont, Abbé de Calers.

7. RIEUX. *Rivii, Rivena.* Erigé en Eveſché en 1318, par le Pape Jean XXII. Pierre de Charité de Ruthie.

TOURS. Turones, Turonium, Caſarodunum Turonum, Martinopolis. III. ſiecle. Depuis 1312 il a eſté obligé de reconnoître la Primacie de Lion; la Bretagne eſt de cette province; on y voulut ériger une Metropole vers l'an 844, ſous Innocent III, l'Archevefque de Tours y avoit conſenti, pourvû qu'il en eût la Primacie, ce que le Souverain Pontife refuſa. Cette province n'eſt pas compriſe dans le Concordat de 1515; mais le Roy nomme aux Eveſchez par un Indult particulier de l'an 1516. Matthieu Yſoré d'Hervault, Abbé de S. Jean d'Angeli & de S. Maixant, Conſeiller du Roy en ſes Conſeils, &c.

ONZE SUFFRAGANS.

1. ANGERS. *Andegavum, Andes, Juliomagus Andium,* ou *Andegavorum.* IV. ſiecle. Michel Poucet de la Riviere, Abbé de Vierzon, Doctcur en Theologie de la Faculté de Paris, le 4 Février 1676.

DOL.

2. Dol. *Dola.* VI. siecle. L'an 848, Nominoé Duc de Bretagne, donna la qualité de Metropolitain & d'Archevesque à l'Evesque de Dol ; mais sur l'opposition de Tours, cette érection fut cassée par Innocent III. L'Evesque a seulement la préséance sur les Prelats de Bretagne dans les Etats, & y fut maintenu par Arrest du Conseil l'an 1626. L'Evesque est Comte. Elie-François de Voyer de Paulmy d'Argenson, Abbé de Prully, Docteur en Theologie de la Faculté de Paris, le 9 Février 1686.

3. Le Mans. *Cænomanum, Vindinum.* III. siecle. L'Evesque prend la qualité de Protochrone, non seulement parceque sa ville est la premiere dans les Notices anciennes ; mais encore sur ce qu'en 685, Jean V. accorda le *Pallium* à un Evesque du Mans. Louis de la Vergne Montenar de Tressan, Abbé de Bonneval, Prieur de Cassan, premier Aumônier de Monseigneur le Duc d'Orleans.

4. Nantes. *Nannetes, Condivincum.* IV. siecle. Gilles de Beauvau du Rivau.

5. Quimpercorentin. Quimper, Cornouaille, *Corisopitum, Curiosopita, Cornubia, Curiosolyta.* VI. siecle. François-Hiacynthe de Plœuc.

6. Rennes. *Redones, Rhedones, Condat Rhedonum.* IV. siecle. Jean-Baptiste é Beaumanoir de Lavardin, Abbé de Mortieramey.

B

7. S. BRIEU. *Briocum, Fanum Sancti Brioci.*
V. fiecle. Louis de Fretat de Boiffieux, Docteur en Droit.

8. S. MALO. *Maclovium, Macloviopolis.*
En 1141 on y transfera l'Evefché d'Aleth,
érigé en Evefché l'an 541. Vincent-François
Defmarets.

S. Pol de Leon. *Leanam, Fanum Sancti
Leoni.* On dit que c'eft l'ancienne *Ocifmum*
où S. Paul fut établi Evefque l'an 530, &
qu'il transfera l'Evéché à Leon en 560. L'E-
vefque eft Comte : Jean Loüis Cotyon de
la Bourdonnaye, Docteur en Theologie de
la Faculté de Paris, le 20 Janvier 1695.

9. TREGUIER, *Trecorium, Vorganium.*
IX. fiecle. L'Evefque eft Comte. Olivier
Jegou de Quervillo, Docteur en Theologie
de la Faculté de Paris, le 5 Septembre 1684.

10. VANNES, *Venetia, Dariorigum Ve-
netorum,* VI. fiecle. François d'Argouges,
Abbé de Nôtre-Dame de la Valaffe, Docteur
en Theologie de la Faculté de Paris, le cinq
Mars 1683.

T R E V E S en Allemagne.

TROIS SUFFRAGANS.

1. METZ. *Meta, Metis, Divodurus, Me-
diomatrices.* III. fiecle. Cet Evêché fut autrefois qualifié d'Archevêché, fans aucun
droit de Metropole ; mais parceque cette
Ville étoit la Capitale du Royaume d'Auf-

ECLIPSE du 16 *Avril* 1707.

OBSERVATION FAITE.			CALCUL.		
	à S. Gervais.	à l'Obfervatoire.	de Mr Caffini.	de Mr de la Hire.	de Mr de Fo...
L'Eclipfe n'a pas efté vûë au commencement à caufe du nuage			12. h. 2'. 50".	12. h. 5'. 35".	11. h. 55'. 0".
L'immerfion a efté vûë à . . .	12. h. 53'. 19".	n'eft point marquée	13. h. 6'. 40".	13. h. 10'. 45".	13. h. 0'. 0".
L'émerfion à	14. h. 41'. 19".	14. h. 42'. 0".	14. h. 56'. 0".	14. h. 57'. 55".	14. h. 52'. 0"
La fin à	15. h. 46'. 34".	15. h. 47'. 50".	16. h. 0'. 50".	16. h. 4'. 3".	15. h. 57'. 0"
Le milieu a dû eftre à	13. h. 47'. 0".		14. h. 1'. 20".	14. h. 4'. 19".	13. h. 56'. 0
Le commencement a dû eftre à	11. h. 47'. 26".		12. h. 2'. 50".	12. h. 5'. 35".	11. h. 55'. 0
La demeure dans l'ombre . . .	1. h. 48'. 0".		1. h. 49'. 20".	1. h. 42'. 8".	1. h. 2'. 0
Durée entiere	3. h. 59'. 8".		3. h. 58'. 0".	3. h. 57'. 28".	4. h. 2'. 0

L'on connoît par ces Calculs que cette fcience n'eft pas encore dans fa perfection.

rafie, l'Evêque est Prince. Henri-Charles du Camboust de Coislin, premier Aumônier du Roy, Commandeur de l'Ordre du Saint Esprit, Abbé de Saint George de Beauquerville, Docteur en Theologie de la Faculté de Paris, le 3 Août 1694.

2. TOUL. *Tullum Leucorum.* IV. siecle. Puisque cette Ville reconnoît Saint Mansuet, vulgairement appellé Mansuy ou Mansû, Comte & Prince du Saint Empire. François Bloüet de Camilly, Abbé de Valricher & de Saint Pierre de Dive, Docteur en Theologie de la Faculté de Paris de la Maison de Sorbonne, le 30 Septembre 1693.

3. VERDUN. *Verodunum, Virodunum. Virdunum, Veredunum.* IV. siecle. L'Evêque se qualifie de Comte, & Prince du Saint Empire. Hippolyte de Bethune, Abbé de Beaupré.

VIENNE. *Vienna, Vienna Allobrogum.* Evesché au III. siecle, que les Archevesques d'Arles du IV. siecle voulurent se soumettre. Zosime sembloit y consentir: mais le Concile de Turin, & S. Leon, leur partagerent les Eveschez de la province Viennoise, ce qui ne fut pas sans contestation; en 1120, Calixte II. luy donna la Primacie sur sept provinces, Aix, Auch, Bourdeaux, Bourges, Ambrun, Narbonne, & Vienne; ce qui n'a eu autre effet que de luy acquerir le vain titre de Primat des Primats. Armand de Montmorin de Saint Herem.

SIX SVFFRAGANS.

1. DIE. *Dea, Dea Vocontiorum, Dea Augusta, Dia.* On pretend qu'il y a eu des Evesques des le IV. siecle. Cet Evesché fut uni à celui de Valence par Gregoire IX. en 1275, sans confusion neanmoins de leurs droits, jusqu'à l'année 1686, que le Roy Louis XIV, l'en a separé, & y a remis son propre Evesque. Gabriel de Cosnac, Abbé d'Orbestiere.

2. GENEVE. *Geneva, Gebonna, Aurelia Allobrogum.* L'Evesque & le Chapitre est à Annecy, *Annecium, Necium,* en Savoye.

3. GRENOBLE. *Gratianopolis.* IV. siecle. L'an 1161, l'Empereur Frederic I. établit l'Evesque Comte & Prince de cette ville. Messire Ennemond Allemand de Montmartin, Prince de Grenoble, Docteur en Theologie de la Faculté de Paris, le 8 Avril 1680.

4. S. JEAN DE MAURIENNE. *Mauriana, Fanum Sancti Joannis de Mauriana,* en Savoye.

5. VALENCE. *Valentia.* IV. siecle. Il fut uni à Die en 1275, & en a esté separé en 1686. Jean de Catellan, Abbé de Boulencourt, Lecteur de Messeigneurs les Ducs de Bourgogne & de Berry, Docteur en Theologie.

6. VIVIERS. *Alba Helviorum, Vivarium, Alba Augusta Helviorum.* V. siecle.

Où l'on transfera en 530, l'Evesché qui estoit à Albi Bourg à deux lieuës de Viviers, & où l'on voit des Evesques au IV. siecle. Messire Charles-Antoine de la Garde de Chambonas, Comte de Viviers, Prince de Donzere, Baron de l'Argentiere, ci-devant Evesque de Lodeve.

7. KEBEC ou QUEBOC. *Kebeccum, Quebecum,* érigé en Evéché par le Pape Clement VIII. le premier Octobre 1674, soumis immediatement au Saint Siege : les Abbayes de Maubec & de l'Estrées y sont unies. Jean de Lacroix de Chevrieres de Saint Valier, premier Evêque de la nomination du Roy.

8. CONON. *Cono,* dans la Chine. Charles Maigrot Docteur en Theologie de la Faculté de Paris, le 14 Juillet 1678.

9. SURA, dans la Chine. Loüis de Kemener.

YPRES. Martin de Ratabon, Docteur en Theologie de la Faculté de Paris, de la Maison de Navarre, le 4 May 1684, Abbé de Saint Hert.

L U N A I S O N S,

Tirées des Ephemerides de Mr de Forge,
Vicaire de la Paroisse de S. Gervais à
Paris, sous le nom du Sr de Beaulieu.

JANVIER.

☾ Dern. quart. le 3, à 1 h. 54 min. aprés. min.

● Nouvelle lune, le 10, à 10 h. 42 min. aprés minuit.

☽ Premier quart. le 19, à 1 h. 27 m. aprés min.

☉ Pleine lune, le 25, à 8 h. 20 min. du soir.

FÉVRIER.

☾ Dernier quart. le 1r, à 5 h. 24 min. du soir.

● Nouvelle lune, le 9, à 6 h. 13 min. du soir.

☽ Premier quart. le 17, à 2 h. 38 m. aprés midi.

☉ Pleine lune, le 24, à 6 h. 24 m. du matin.

MARS.

☾ Dernier quart. le 4, à 7 h. 34 m. du matin.

● Nouvelle lune, le 11, à midi, 20 min.

☽ Premier quart. le 18, à minuit un quart.

☉ Pleine lune, le 25, à 4 h. 41 min. du soir.

AVRIL.

☾ Dernier quart. le 2, à 1 h. 20 m. aprés min.

● Nouvelle lune, le 10, à 4 h. 40 m. du matin.

☽ Premier quart. le 17, à 7 h. 34 m. du matin.

☉ Pleine lune, le 24, à 3 h. 4 m. aprés min.

MAY.

☾ Dernier quart. le 1ᵉ, à 8 h. 22 min. du soir.
● Nouvelle lune, le 9, à 3 h. 56 m. aprés midi.
☽ Premier quart. le 16, à 1 h. 13 m. aprés midi.
☉ Pleine lune, le 23, à 2 h. 16 m. aprés midi.
☾ Dernier quart. le 31, à 2 h. 9 m. aprés midi.

JUIN.

● Nouvelle lune, le 8, à 1 h. 42 m. aprés min.
☽ Premier quart. le 14, à 6 h. 3 quarts du soir.
☉ Pleine lune, le 22, à 3 h. 4 m. aprés min.
☾ Dernier quart. le 30, à 6 h. 37 m. du matin.

JUILLET.

● Nouvelle lune, le 7, à 10 h. 7 m. du matin.
☽ Premier quart. le 14, à 1 h. 10 m. aprés min.
☉ Pleine lune, le 21, à 5 h. 11 min. du soir.
☾ Dernier quart. le 28, à 7 h. 52 min. du soir.

AOUST.

● Nouvelle lune, le 4, à 6 h. 2 min. du soir.
☽ Premier quart. le 12, à 9 h. 45 m. du matin.
☉ Pleine lune, le 20, à 7 h. 2 min. du matin.
☾ Dernier quart. le 28, à 8 heur. du matin.

SEPTEMBRE.

● Nouvelle lune, le 4, à un h. 10 m. aprésmin.
☽ Premier quart. le 16, à 9 h. 20 m. du soir.
☉ Pleine lune, le 19, à 1 h. & un quart aprés
minuit.
☾ Dernier quart. le 26, à 6 h. 44 m. du soir.

OCTOBRE.

● Nouvelle lune, le 3, à 9 h. 35 m. du matin.
☽ Premier quart. le 10, à 1 h. aprés midi.
☉ Pleine lune, le 18, à 5 h. 38 min. du soir.

☾ Dernier quart. le 26, à 2 h. 50 m. aprés min.

NOVEMBRE.

● Nouvelle lune, le 1ᵉ, à 8 h. 7 min. du soir.

☽ Premier quart. le 9, à 8 h. 20 m. du matin.

☉ Pleine lune, le 17, à 9 h. 14 min. du matin.

☾ Dernier quart. le 24, à 10 h. 44 m. du matin.

DECEMBRE.

● Nouvelle lune, le 1ᵉ, à 8 h. 56 m. du matin.

☽ Premier quart. le 9, à 6 heur. du matin.

☉ Pleine lune, le 16, à 11 heur. 25 m. du soir.

☾ Dernier quart. le 23, à 8 h. 35 m. du soir.

● Nouvelle lune, le 31, à 2 h. 6 m. aprés min.

CALENDRIER

DES

SAINTS DE FRANCE.

JANVIER.

CIRCONCISION de Nôtre Seigneur Jesus-Christ, V. siecle, connuë auparavant sous le nom de l'Octave de la Nativité, ou feste de la Sainte Vierge.

Saint Paracode Evêque de Vienne, Confesseur. Du Bosquet met sa mort le 2 de Janvier l'an 138; mais sa chronologie est remplie d'anacronisme.

S. Clar Abbé du Monastere de S. Marcel, mort vers l'an 660: on celebroit sa feste à Vienne au VIII. siecle.

S. Stable Evêque de Clermont en Auvergne. VIII. siecle.

S. Odilon, Odile, ou Olon, Abbé de Cluni, mourut l'an 1048: sa feste se celebre depuis 1345 dans l'Ordre de Cluni le 2 Janvier, à cause de celle de la Circoncision; & à Souvigny au Diocese de Clermont, le 13 Novembre, celle de sa Translation le 21 Juin.

S. Oyend Abbé de Condat, *de Condatis*, dans le Montjou au Diocese de Lion, appellé depuis Saint Claude en Franche-Comté, mort vers l'an 510. Le culte de ce Saint étoit reçû dans l'Eglise dés le VIII. siecle.

S. Guillaume Abbé de S. Benigne de Dijon, mort

E v

fut à Fefcan en Normandie l'an 1031 : il n'eft pas
canonifé.

Octave de S. Eftienne par toute la France, où il y
a treize Cathedrales fous fon nom.

2. S. Défendant & plufieurs autres fes Compagnons, Martyrs dans le Territoire de Vienne. III.
fiecle.

S. Afpace Archevêque d'Auch. VI. fiécle. Dans
cette même Eglife on fait memoire de S. Macure.

S. Adelard ou Allard, Abbé de Corbie, mourut l'an
826.

S. Bernard Moîne du Monaftere de Lerins. Même
fiecle.

S. Pafcafe Ratbert Abbé de Corbie. Même fiécle.

S. Theodore Evêque de Marfeille, au VI. fiecle. Il
n'eft pas canonifé.

3. Octave de S. Jean l'Evangelifte.

S. Florent Evêque de Vienne, Martyr. III. fiecle.

Ste GENEVIEVE Vierge, Patrone de Paris, morte
l'an 512.

S. Blitmund Abbé. VII fiecle. A S. Valeri.

Sainte Berthile Vierge, à Marcolieu, au Territoire
d'Arras. V. fiécle.

Octave des SS. Innocens.

4. S. Gregoire Evêque de Langres, mourut l'an
540. Son corps eft à Dijon; ce jour eft celui de fa
Tranflation.

S. Rigobert ou Robert Archevêque de Reims,
mourut l'an 743.

5. Veille de l'Epiphanie, ou de l'adoration des Mages.

S. Honobert fils de S. Honulphe, tous deux Evêques
de Sens; le premier mourut l'an 755, le fecond l'an
761.

6. EPIPHANIE OU LES ROIS, jour des trois Myf-
teres: Adoration des Mages: Baptême de J. C. & fon
premier miracle à Cana, où il changea l'eau en vin.
Cette fête, qui avoit efté confonduë au commence-

ment avec celle de Noël, fut feparée en France fur la
fin du III. fiecle.

Sainte Macre Vierge & Martyre à Reims. III. fiecle.

S. Melaine Evêque de Rennes, mourut l'an 530.
On fait fa fefte à Rennes le 6 Novembre.

S. Gurval ou Gudval Evêque gouverna le Siége
d'Alet dans l'abfence de S. Malo, & mourut dans le
VII. fiecle.

7. S. Aldric Evêque du Mans, mourut l'an 856.

S Julien Martyr au Territoire d'Angers. Son corps
repofe au Monaftere ou Prieuré de S. Jean fur Loire.

S. Theau Religieux de Solignac en Limofin, mort
environ l'an 702.

8. S. Lucien Apôtre de Beauvais & fes Compagnons, Maximien, Maxien, ou felon le Peuple, Mef-
fien, crû Prêtre, & Julien Diacre Martyrs vers 289.

S. Patient Evêque de Metz.

S. Egemon Evêque d'Autun. IV. fiecle.

S. Mauron Abbé de S. Florent, à prefent lez-Sau-
mur, autrefois S. Forent le vieux. VIII. fiecle.

9. Ste Pafchafe Vierge & Martyre à Dijon. II. fiecle.

S. Waning Fondateur de l'Abbaye de Fefcan. VII.
fiecle.

10. S. Guillaume Archevêque de Bourges, mort
l'an 1199.

S. Valeri Ermite au Territoire de Limoges. V.
fiecle.

11. S. Salve Evêque d'Amiens, mort le 28 Octobre
environ l'an 615. Son corps eft à Montreuil fur mer.

S. Beandane Abbé & Religieux de l'Ordre de S.
Benoît.

12. S. Fergeole Evêque de Grenoble, Martyr. VII.
fiecle.

Tranflation à S. Malo des Reliques de S. Satyre
Martyr.

13. Octave de l'Epiphanie.

S. Hilaire Evêque de Poitiers, mourut vraifem-
blablement l'an 368.   B vj

S. Vere Evêque de Vienne. VII. siecle.

Translation du corps de S. Firmin Martyr.

Translation à Metz du corps de S. Leonce Evêque
& Martyr.

Sainte Cesarie Vierge, à Arles. VI. siecle.

14. Fête du nom de J E S U S en plusieurs Eglises,
à Narbonne elle se fait le 7 Septembre. XVI. siecle.

S. Firmin Evêque de Mende. IV. siecle.

S. Caldeole Archevêque de Vienne. VII. siecle.

15. S. Bonet Evêque de Clermont, mourut l'an 710.

S. Maur Moine du Mont-Cassin, Disciple de S.
Benoît, crû Abbé de Glanfeuil en Anjou, mort sur la
fin du VI. siecle, ou au commencement du VII.

S. Eloy Moine de l'Abbaye S. Honorat, située dans
une des Isles de Lerins.

S. Adelbert Evêque à Cambray. VII. siecle.

16. S. Honorat Evêque d'Arles, Fondateur du
Monastere de Lerins, mort environ l'an 429.

S. Fursy Abbé de Lagni, Patron de Peronne, mort
en 650.

17. S. Antoine Patriarche des Cenobites dans les
Eglises de France, & principalement dans celle de la
Motte, autrement S. Antoine de Viennois, mort l'an
356.

SS. Speusippe, Eleusippe & Melusippe, Martyrs en
Cappadoce: Leur fête se fait dans l'Eglise Collegiale
de S. Vite ou Guy à Langres depuis le VI. siecle.

S. Sulpice Evêque de Bourges, mort vers l'an 644
ou 647.

S. Genulphe Evêque à Cahors. III. siecle.

18. La Chaire de S. Pierre à Rome. Cette fête est en
France dés le VII. siecle.

S. Volusien Evêque de Tours. V. siecle.

S. Leobard ou Liberd reclus en Touraine, mort
en 593.

S. Venerand Evêque de Clermont en Auvergne,
mort vers l'an 423, le 24 Decembre.

S. Deicole , vulgairement S. Diel, Abbé de Luie en Franche-Comté, mort vers l'an 625.

91. S. Conteste Evêque de Bayeux. V. siecle.

S. Malard Evêque de Chartres. VII. siécle.

S. Lomer Abbé au Diocese de Chartres , mourut l'an 594.

S. Remy Evêque de Roüen, mourut l'an 771.

20. S. Sebastien Martyr à Rome l'an 288: il y a en plusieurs lieux dans la France des Reliques de ce Saint, qui furent données par Eugene II. à Loüis le Debonnaire en 826.

S. Clement Prêtre à Lion. III. siecle.

21. Ste Agnés Vierge & Martyre à Rome , le temps est incertain.

S. Patrocle, vulgairement Parre, Martyr à Troyes, l'an 259.

S. Meinard Ermite Martyr au Monastere d'Even de l'Ordre de S. Benoît, l'an 860.

S. Avite Evêque de Clermont en Auvergne. VII. siecle.

22. S. Vincent Diacre de Saragoce, Martyr à Valence l'an 304.

SS. Vincent , Oronce & Victor Martyrs en Espagne , dont les corps, à ce qu'on dit , reposent à Ambrun.

23. S. Bernard Evêque de Vienne en Dauphiné, mourut au Monastere de Romans, sur la riviere d'Isere, qu'il avoit fondé l'an 842.

S. Maimbod Ecossois Martyr. Dans la translation de son corps, qui se fit par Estienne Evêque du Bellay, du village de Dompierre à Montbeliard, au IX. siecle, Beranger Evêque de Besançon, à qui les Heretiques avoient crevé les yeux, y recouvrit la vûe: c'est pourquoi l'on en fait la fête à Besançon.

S. Urbain Evêque de Langres. V. siecle.

24. S. Sabinien de Troyes en Champagne, Martyr avec S. Fabien son Compagnon.

S. Arteme Evêque de Clermont en Auvergne, Succeſſeur de S. Nepotien.

S. Felicien Martyr, Evêque de Foligno Ville d'Italie en Ombrie, dont les Reliques repoſent à Metz. III. ſiecle.

25. La fête de la Converſion de S. Paul, dés le IX. ſiecle.

S. Prix, ou plûtôt Prict, Evêque de Clermont en Auvergne, Martyr, avec Amarin Abbé, & Elide Acolythe, l'an 674.

SS. Donat, Agape & Sabine Martyrs, dans la même ville de Clermont.

S. Severien premier Evêque de Mende. II. ſiecle.

S. Rachon Evêque d'Autun.

S. Felix Evêque de Metz.

S. Popon Abbé à l'Itaple au Territoire d'Arras. XI. ſiecle.

Sainte Adunalve mere de S. Popon, embraſſa la vie Monaſtique à Verdun.

26. S. Polycarpe Evêque de Smyrne, Diſciple de S. Jean l'Evangeliſte. Martyr. II. ſiecle. Sa fête s'eſt celebrée en France dés le même ſiecle.

S. Theofride Evêque d'Albi.

27. *Septuagefime*, a commencé en France vers le IX. ſiecle.

S. Julien premier Evêque du Mans, mort environ l'an 116, comme quelques-uns veulent.

S. Loup Evêque de Châlons ſur Saône. VII. ſiecle.

S. Guilduin nommé à l'Evêché de Dol, mort à Chartres. XI. ſiecle.

S. Adiute Abbé, *Oniciacenfis*, Dioceſe de Chartres.

S. Mary premier Abbé de Beuvoux, ou Val-Benoît en Provence, mort vers l'an 555.

S. Thierry Evêque d'Orleans, ſecond du nom, mort à Tonnerre l'an 1022.

28 S. Jean de Reomé Abbé du Monaſtere de Reomay, maintenant le Moûtier S. Jean, mort au VI. ſiecle.

S. Charlemagne Roy de France, Empereur d'Occident, mourut l'an 814.

29. S. François de Sales Evêque de Geneve, mourut l'an 1622.

S. Savinien de Troyes en Champagne, Martyr. III. siecle.

S. Gildas Abbé de Ruys au Diocese de Vannes en Bretagne, mourut en 565.

S. Sulpice Severe Evêque de Bourges, mourut l'an 591.

30. Sainte Bathilde Roine de France, Religieuse de Chelles. VII. siecle.

Sainte Aldegonde Vierge, Fondatrice de l'Abbaye de Maubeuge, inhumée à Court-Solre en Hainault l'an 684. Son corps fut transporté à Maubeuge l'an 690.

S. Aleaume Moine de la Chaise-Dieu en Auvergne, Abbé de S. Jean de Burgos en Espagne, où il mourut environ l'an 1100.

31. S. Pierre Nolasque, Fondateur de l'Ordre de la Mercy pour la Redemption des Captifs, mourut l'an 1258.

S. Gaud Evêque d'Evreux. V. siecle.

Sainte Vulfe Vierge, à Amiens.

FEVRIER.

1. SAINT Sigebert Roy de France en Austrasie, enterré prés de Metz dans l'Abbaye de S. Martin l'an 655. Son corps repose à Nancy depuis l'an 1553.

S. Paul Tricastin Evêque des Trois - Châteaux en Dauphiné. IV. siecle.

S. Agripan Evêque du Puy, Martyr à Chivier au Territoire de Viviers. Ses Reliques sont au Puy.

S. Tygride Evêque de Gap.

S. Leon Confesseur, mourut à Poitiers au IV. siecle.

S. Severe Evêque d'Avranches. VI. siecle. L'Eglise Metropolitaine de Roüen garde ses Reliques.

S. Eubert Evêque à Lille en Flandre. IV. siecle.

2. LA PURIFICATION DE LA Ste VIERGE, dite LA CHANDELEUR. Cette fête fut établie en Occident au VI. siecle.

3. Sainte Sichaïe Vierge, à Orleans. *Sexagesime.*

S. Simplice Evêque de Vienne. V. siecle.

S. Philippe Evêque du même lieu. VI. siecle.

S. Evance son Successeur.

S. Floscule Evêque d'Orleans, mourut en l'an 486.

S. Remede Evêque de Gap.

S. Lupicin Archevêque de Lion. V. siecle.

S. Felix Evêque du Bellay.

S. Anatole Evêque, mourut à Salins.

4. S. Aventin Evêque à Châteaudun ou à Chartres. V. siecle.

S. Aventin Solitaire, mourut dans l'Isle de Lozain, à deux lieuës & demie de Troyes, au VI. siecle.

La Bienheureuse Jeanne de France, Institutrice de l'Annonciade, mourut à Bourges l'an 1505.

S. Simeon Abbé de S. Bertin dans S. Omer.

5. S. Avit Evêque de Vienne, mourut vers l'an 525.

S. Bertulphe Abbé de Renty, mourut vers l'an 705.

Saint Voel, surnommé Benoît, Prêtre, Solitaire à Soissons, mourut vers l'an 720.

S. André Abbé d'Elnon, Disciple de S. Amand. VII. siecle.

6. S. Vaast Evêque d'Arras, mourut l'an 539.

S. Amand Evêque de Mastricht, & Missionnaire Apostolique dans l'Occident, mourut vers l'an 674.

S. Anatolin Martyr en Auvergne. III. siecle.

S. Leon Abbé de S. Bertin. XII. siecle.

7. S. Crisol Evêque & Martyr à Comines en Flandre. III. siecle.

S. Amand Martyr en Auvergne. III. siecle.

S. Amolvin Evêque & Abbé de Laubiensis à Binche, Païs-Bas.

8. Saint Jean de Matha, Fondateur de l'Ordre de la Sainte Trinité pour la Redemption des Captifs, mort

le 21 Decembre l'an 1213. Sa fête est remise à ce jour.

S. Paul Evêque de Verdun, mourut l'an 649.

S. Estienne Instituteur de l'Ordre de Grandmont, dans le Limosin, mourut l'an 1124.

S. Nicetie Evêque de Besançon. VII. siecle.

9. S. Ansbert Evêque de Roüen, mourut en 695, dans le Monastere de Hautmont en Hainault.

S. Cassien Evêque d'Autun. IV. siecle. Son corps est à Saint Quentin Vermandois.

10. Ste Scholastique Vierge, sœur de Saint Benoît, mourut vers l'an 543. Son corps est dans l'Eglise de S. Pierre dans la ville du Mans. *Quinquagesime.*

Sainte Austreberte Vierge, Abbesse au Pais de Caux en Normandie, mourut à Pavilly l'an 704.

S. Protade Evêque de Besançon. VI. siecle.

S. Sigon Evêque de Clermont en Auvergne. IX. siecle.

S. Guillaume Duc d'Aquitaine, Moine de Gellone, dit S. Guillem du Desert, mourut l'an 812, le 28 de May, jour auquel l'on celebre sa fête.

11. S. Severin, dit de Château-Landon en Gastinois, Abbé d'Agaune ou de S. Maurice en Walais, mourut l'an 607.

S. Gaudin Evêque de Soissons, Martyr.

S. Ehoarin Anacorete, Martyr, au Monastere de S. Gildas de l'Isle de Ruys, Diocese de Vannes.

12. S. Benoît d'Agnane Abbé en Languedoc, mourut au Monastere d'Inde l'an 821.

S. Estienne Religieux de Cisteaux, Cardinal Evêque. XII. siecle.

13. LES CENDRES. Dans ce jour commence le jeûne du Carême depuis le IX. siecle. La ceremonie de mettre de la cendre sur la tête est du XI. siecle, qui represente la Penitence publique en usage dans la Primitive Eglise. Ce jour est si celebre dans l'Eglise, qu'il ne s'y celebre aucune fête.

S. Lezin Evêque de Langres, mourut le premier

jour de Decembre l'an 605.

S. Fulcran Evêque de Lodeve en Languedoc, mourut l'an 1006.

S. Julien, Martyr à Lion.

S. Lucien Evêque d'Angers. VI. fiecle.

S. Eftienne Evêque de Lion, Martyr. V. fiecle.

S. Giflebert Evêque de Meaux.

S. Enogat Evêque de S. Malo. VII. fiecle.

14. S. Richmir Abbé au Mans.

15. S. Quiniz Evêque de Vaifon, mourut l'an 579.

S. Aquilin Evêque d'Evreux, mourut l'an 695.

Sainte Georgie Vierge en Auvergne.

16. S. Honet Prêtre. Sa fête fe fait à Touloufe le 11 Juillet. III. fiecle.

S. Simeon Evêque de Metz. II. fiecle.

S. Tigride Evêque en Auvergne. IV. fiecle.

17. S. Silvain Evêque Apoftolique, mort à Auchy en Artois l'an 718. *Premier Dimanche de Carême.*

S. Galdrice, oncle de Saint Bernard, Religieux de Clairvaux. XII. fiecle.

S. Odon Religieux du mefme Ordre. XII. fiecle.

18. S. Angilbert Abbé de S. Riquier en Ponthieu, mourut l'an 814.

S. Legont Evêque de Metz.

S. Silvain, Difciple de Saint Bernard, Religieux de Clairvaux. XII. fiecle.

19. S. Boniface Evêque de Lufanne. Il profeffa la Theologie à Paris fept années, & mourut l'an 1266.

20. S. Eucher Evêque d'Orleans, mourut l'an 743.

S. Eleuthere Evêque de Tournay, mourut l'an 532.

21. S. Germain Abbé de Granfel ; & S. Randrald Prieur de ladite Abbaye, Martyrs. VII. fiecle.

S. Felix Evêque de Metz. II. fiecle.

S. Gundebert Evêque de Sens.

Le Bienheureux Pepin de Brabant, Maire du Palais, & premier Miniftre du Roy de France, mourut l'an 640.

22. La Chaire de S. Pierre à Antioche. Cette fête est dés le V. siecle en France.

23. Sainte Artongathe Religieuse de Faremoutier au Diocese de Meaux. VII. siecle.

S. Syrene Martyr à Clermont en Auvergne.

S. Barthelemi Religieux de Marmoutier à Tours. X. siecle.

24. *Second Dimanche de Carême*, Reminiscere.

S. Pretextat Evêque de Roüen. VI. siecle.

Le Bienheureux Robert d'Arbrissel, Fondateur de l'Ordre de Font-Evrault, mourut à Orsan en Berry l'an 1116.

25. S. MATHIAS Apôtre. Cette fête est chommée depuis le XIII. siecle: elle arrive le 24 Février: elle est remise à ce jour en cette année, à cause du second Dimanche de Carême.

26. Saint Victor Prêtre Reclus à Arcis sur Aube en Champagne. Son corps est à Mont-Ramey, vulgairement Montirame, à quatre lieuës de Troyes, où sa fête se fait le 11 Octobre.

S. Agricole Evêque de Nevers, mourut vers l'an 503.

S. Avertan Religieux Carme à Limoges. XIV. siecle.

27. Ste Honorine Vierge & Martyre. Son corps est à Conflans en Vexin, dit S. Honorine. IV. siecle.

S. Gaumier Serrurier, Soûdiacre de Lion. VII. siecle.

28. S. Romain, Fondateur de Montjou, & Abbé de Condat, aujourd'hui S. Claude en Franche-Comté, mourut l'an 460.

S. Romain Archevêque de Reims. VI. siecle.

MARS.

1. SAINT Aubin Evêque d'Angers, mort l'an 550.

2. S. Sivard Abbé de S. Calés au Maine. VIII. siecle.

S. Leon Evêque de Bayonne. VIII. siecle.

SS. Hermet, Leon & Hadrien, Martyrs à Marseille. III. siecle.

S. Adalong Evêque de Marseille.

S. Fervin Abbé de S. Riquier, Diocese d'Amiens.

2. S. Charles le bon Comte de Flandres, fut assassiné l'an 1127.

3. *Troisiéme Dimanche de Carême*, Oculi.

S. Guingalois , Abbé de Landevence en Bretagne. VI. siecle.

S. Caluppain Reclus en Auvergne.

4. S. Basin Evêque de Trèves. VII. siecle.

5. S. Virgile Evêque d'Arles. VII. siecle.

S. Draufin Evêque de Soissons. VII. siecle.

S. Pierre de Castelnau Legat Apostolique, premier Inquisiteur de la Foy, Martyr l'an 1208.

6. Saint Fridolin Abbé de S. Hilaire de Poitiers. VI. siecle.

S. Godegrang Evêque de Metz, mourut l'an 766.

Sainte Colette Boillet, Reformatrice de l'Ordre de Sainte Claire, mourut l'an 1447.

7. S. Thomas d'Aquin Religieux de S. Dominique, mourut l'an 1274.

S. Agrippin Evêque d'Autun. VI. siecle.

8. S. Hunfride Evêque de Teroüanne. IX. siecle.

S. Felix de Bourgogne , Evêque de Dunwick en Angleterre.

9. S. Pruncul Evêque de Clermont. V. siecle.

S. Alexandre au même lieu.

10. *Quatriéme Dimanche de Carême*, Lætare.

S. Droctovée premier Abbé de S. Germain des Prez à Paris, mourut l'an 580.

S. Attale natif de Bourgogne, Abbé de Bobio dans le Milanés, mourut l'an 627.

S. Emilien Abbé de S. Pierre de Lagny sur Marne. VII. siecle.

11. S. Vindicien Evêque d'Arras & de Cambray, mourut l'an 705.

S. Vigile Evêque d'Auxerre, Martyr. VII. siecle.

S. Firmin Abbé à Amiens.

12. S. Gregoire le Grand, Pape , premier du nom, Docteur de l'Eglise, mourut l'an 604. Une partie de

les Reliques est à Soissons & à Sens.

S. Pol premier Evêque de Leon en Bretagne, mourut l'an 579.

13. Saint Estienne Abbé & Martyr au Diocese de Toulouse.

S. Vincent Prêtre à Nevers.

Sainte Macteflide premiere Abbesse de Remiremont. VII. siecle.

14. S. Lubin Evêque de Chartres. VI. siecle.

15. S. Tranquille Abbé à Dijon.

16. Sainte Eusebie Abbesse de Hamay en Hainault. VII. siecle.

S. Tetrice Evêque d'Auxerre, Martyr. VII. siecle.

S. Patrice Evêque à Clermont en Auvergne.

17. *Dimanche de la Passion*, Judica.

S. Agricole Evêque de Châlon sur Saone, mourut l'an 850.

18. S. Christian Evêque de Dorne ville d'Irlande, disciple de S. Bernard. XII. siecle.

19. S. Joseph Epoux de la Sainte Vierge, sa feste se celebre en France depuis la fin du XV. siecle.

S. Leonce Evêque de Xaintes.

20. Saint Joachim Pere de la Sainte Vierge ; cette feste fut établie en France l'an 1624.

S. Vulfran Evêque de Sens, Patron d'Abbeville, mourut l'an 720.

S. Urbice Evêque de Metz.

21. S. Benoist Patriarche des Moines d'Occident la plus grande partie de ses Reliques est au Monastere de Fleury, dit S. Benoist sur Loire. VI. siecle.

S. Lupicin Abbé de Lauconne dans le Montjou. V. siecle.

22. S. Paul Evêque de Narbonne. III. siecle.

S. Aphrodise Evêque de Bourges. II. siecle.

23. Invention des Corps de Saint Denys & ses Compagnons, à S. Denys en France.

24. *Dimanche des Rameaux*, à cause qu'on les benissoit ce jour là.

S. Linguin Confesseur à Clermont en Auvergne.

S. Vere Martyr Evêque de Vienne, II. siecle, on celebre sa feste à Vienne le premier Aoust.

25. S. Humbert de Marolles, Prêtre, Religieux du Monastere de Marolles en Hainault, Diocese de Cambray. VII. siecle.

Saint Baron, Gentilhomme de Berry, & S. Dizier Hermites, moururent dans le Territoire de Pistoye en Toscane, au VII. siecle.

S. Herblond Abbé d'Aindre en Bretagne, le 25 de Novembre, & à Paris le 28 d'Octobre.

S. Richard jeune enfant de douze ans, martyrizé par les Juifs à Paris. XII. siecle.

26. S. Gregoire Archevêque d'Armenie, mort au Diocese d'Orleans, où il s'estoit retiré. VI. siecle.

S. Sirare Evêque de Lion. V. siecle.

27. Sainte Angadresme Abbesse, Patrone de Beauvais.

28. Saint jour auquel JESUS-CHRIST a institué le tres saint Sacrement de l'Autel.

S. Gontran Roy de France en Bourgogne. VI siecle.

S. Estienne de Harding troisiéme Abbé de Cisteaux, & premier General de l'Ordre.

29. La Mort & Passion de N. S. JESUS-CHRIST.

S. Eustase Abbé de Luxen en Franche-Comté, mort l'an 625.

S. Liminin Martyr à Clermont en Auvergne.

30. S. Rieule Apôtre & premier Evêque de Senlis, III. siecle.

31. PASQUES, la Resurrection de nôtre Seigneur JESUS-CHRIST.

Sainte Hoylde Vierge, son corps fut transferé de Châlon en Champagne à Troyes sous Henri Comte de Champagne.

AVRIL.

1. SAINT Hugues Evêque de Grenoble, mourut l'an 1132.

Saint Hugues Abbé de Bonnevaux de l'Ordre de

Cisteaux, Diocese de Vienne, mourut l'an 1177.

2. S. François de Paul, Instituteur de l'Ordre des Minimes, mourut au Plessis du-Parc en l'an 1507.

S. Nicete, vulgairement Nisier, Evêque de Lion, mourut l'an 572.

S. Longis Abbé de Boisseliere au Maine. VII. siecle.

3. S. Urbique Evêque de Clermont. V. siecle.

4. Sainte Aleyde Mere de S. Bernard. XII. siecle.

5. S. Vincent Ferrier Dominicain, mourut à Vienne en Bretagne l'an 1419.

Saint Geraud Moine de Corbie, premier Abbé de la Seaune prés de Bourdeaux, mourut l'an 1095.

S. Marcel premier Evêque de Digne. V. siecle.

Sainte Silvie Vierge à Laon.

6. S. Vinebaud Abbé de S. Loup de Troyes. VII. siecle.

S. Prudence Evêque de Troyes, mourut l'an 861.

S. Guillaume, Chanoine Regulier, Superieur de Sainte Geneviéve du Mont à Paris, puis Abbé de Eschille en Dannemarck, mourut l'an 1203.

7. Dimanche de Quasimodo. Saint Aybert, Prêtre reclus, Benedictin en Hainault, mourut l'an 1140.

8. L'Annonciation de la Sainte Vierge ; cette feste fut instituée au VI. siecle : Elle est remise à ce jour à cause qu'on ne celebre point de feste la semaine sainte.

S. Gautier, Abbé de S. Martin de Pontoise, mourut l'an 1099.

9. S. Perpetue Evêque de Tours.

Ste Vaudru veuve, Patrone de Mons en Hainault, mourut l'an 686.

S. Hugues Evêque de Rouen, mourut l'an 730.

S. Gaucher Chanoine Regulier, mourut à Feitiae l'an 1130.

S. Guillaume Religieux de l'Abbaye de Grandselve, au Diocese de Toulouse.

10. S. Fulbert Evêque de Chartres, mort l'an 1029.

S. Pallade Evêque d'Auxerre. VII siecle.

11. Sainte Godeberte, Vierge à Noyon. VIII. siecle.

S. Agetic Abbé à Tours.

11. S. Conſtance Evêque de Gap. VI. ſiecle.

S. Florentin Abbé à Arles.

13. S. Mars Abbé en Auvergne. VI. ſiecle.

S. Ide Comteſſe de Boulogne en Picardie, mourut l'an 1113.

14. S. Lambert Evêque de Lion. VII. ſiecle.

S. Bernard premier Abbé de Tiron, & Reformateur de l'Ordre de Saint Benoiſt, mourut l'an 1116.

S. Wilicat Evêque de Vienne. VIII. ſiecle.

15. S. Paterne ſecond du nom, Evêque de Vannes. VI. ſiecle.

Le venerable Ceſar du Bus, Inſtituteur des Peres de la Doctrine Chrétienne, mourut l'an 1607.

S. Silveſtre ſecond Abbé de Saint Jean, Ordre de S. Benoiſt, Dioceſe de Langres.

S. Gauduin, Religieux de Clairvaux. XII. ſiecle.

S. Patier Evêque d'Avranches, mourut l'an 565.

S. Thuribe Evêque du Mans. II. ſiecle.

S. Druon reclus en Hainault, mourut l'an 1186.

17. S. Eſtienne troiſiéme Abbé de Ciſteaux, mourut l'an 1134.

S. Vale Martyr à Xaintes.

S. Panthagate Evêque de Vienne. VI. ſiecle.

S. Landry Evêque de Meaux. VIII. ſiecle.

18. S. Urſmar Evêque regionaire, & Abbé de Lobes ſur la Sambre, mourut l'an 713.

19. S. Bernard Religieux de l'Abbaye de S. Bertin dans S. Omer.

20. S. Marcellin Evêque d'Ambrun. IV. ſiecle.

21. S. Anſelme Evêque de Cantorbie.

22. S. Epipode & S. Alexandre, Martyrs à Lion. II. ſiecle.

Sainte Opportune Abbeſſe de Montreüil prés d'Almeneſche au Dioceſe de Séez, mourut l'an 770.

S. Leon Evêque de Sens. VI. ſiecle.

S. Bodin Evêque de Troyes ; ſes Reliques repoſent

dans

dans l'Abbaye du Monſtier de celle prés de Troyes, Ordre de S. Benoiſt.

23. S. Felix Preſtre, S. Fortunat & S. Achillée Diacres, Martyrs à Valence. III. ſiecle.

S. Artheme Evêque de Sens. VII. ſiecle.

24. Sainte Pufinne Vierge à Corbie.

S. Robert premier Abbé de la Chaiſe-Dieu, mourut l'an 1067.

Sainte Beuve, Abbeſſe dans Reims. VII. ſiecle.

S. Alexandre & 34 autres Martyrs à Lion. II. ſiecle.

S. Deodat Abbé à Blois.

25. S. Marc Evangeliſte, premier ſiecle : on celebre ſa feſte en France dés le IX. ſiecle. En ce jour ſe fait la Proceſſion par toute la France, avec abſtinence de viandes.

S. Phebade Evêque d'Agen. IV. ſiecle.

S. Ermin Evêque & Abbé de Lobes en Hainault, mourut l'an 737.

S. Clarent Evêque de Vienne. VII. ſiecle.

S. Ruſtic Evêque de Lion. V. ſiecle.

S. Herbald Evêque d'Auxerre. IX. ſiecle.

26. Saint Riquier Abbé dans le Ponthieu, Dioceſe d'Amiens. VII. ſiecle.

S. Paſcaſe Radbert, Abbé de Corbie. IX. ſiecle.

Sainte Exuperance Vierge à Troyes.

27. S. Alpinien Preſtre de l'Egliſe de Limoges. III. ſiecle.

28. S. Vital Martyr, pere de S. Gervais & S. Protais.

29. S. Robert Abbé de Moleſine, premier Autheur de l'Ordre de Ciſteaux. XII. ſiecle.

S. Hugues Abbé de Cluni, mourut l'an 1109.

S. Marien Religieux de l'Abbaye de S. Germain d'Auxerre, Ordre de S. Benoiſt.

Sainte Ave Vierge à Denain prés Valenciennes. VIII. ſiecle.

30. S. Eutrope premier Evêque de Xaintes, Martyr. III. ſiecle.

C

S. Adjuteur Moine de Tiron, Diocese de Chartres, mourut l'an 1131.

S. Erembert Evêque de Toulouse. VII. siecle.

S. Silvestre & S. Tranquille, Evêques de Châlons sur Saone. V. & VI. siecles.

MAY.

1. SAINT Philippe, & S. Jacque dit le Mineur, Evêque de Jerusalem, Apostres. Premier siecle, Leur culte est dés le VIII. siecle.

S. Amateur Evêque d'Auxerre, mourut l'an 418.

S. Sigismond Roy de Bourgogne, mort l'an 524.

S. Marcoul Abbé de Nanteüil, Diocese de Bayeux, mourut l'an 558.

S. Andeol Soudiacre, Martyr en Vivarais, l'an 208.

S. Oriens Evêque d'Auch. V. siecle.

S. Africain Evêque de Cominges. VI. siecle.

S. Brieu Evêque en Bretagne. VII. siecle.

S. Arige Evêque de Gap en Dauphiné, mourut l'an 604.

S. Ultan Abbé à Peronne, & du Mont S. Quentin. VII. siecle.

Sainte Berthe Abbesse & Martyre au Diocese de Châlons sur Marne.

Saint Theodart Evêque de Narbonne, Patron de Montauban, mourut l'an 893.

S. Thiou Abbé de S. Thierry de Reims. VI. siecle.

Les Saints Martyrs Acheul & Achiole à Amiens.

2. S. Gaubert troisiéme Abbé de Luxeu en Franche-Comté, mourut l'an 665.

Sainte Avoye Vierge & Martyre, prés de Paris.

S. Florent Prestre au Diocese d'Angers.

3. Invention de la Sainte Croix, cette Feste est dés le VIII. siecle en France.

4. S. Juste Evêque de Vienne, Martyr avec SS. Severin, Exupere, Felicien & ses Concitoyens.

SS. Cucodeme Diacre, Antoine, Celestin & plusieurs autres Cleres de l'Eglise d'Auxerre, Martyrs.

S. Antoine Confesseur à Tours.

5. V. Dimanche après Pasque.

S. Hilaire Evesque d'Arles, mourut l'an 449.

S. Sadroc Evesque de Limoges.

S. Mauront Abbé de Bruel, Diocese de Te-rouanne, Patron de la Ville de Douay en Flandre; sa mort arriva l'an 701.

6. ROGATIONS, abstinence de viande pendant trois jours, dont l'observance est établie sur la fin du V. siecle.

S. Jean devant la porte Latine; cette Feste fut établie en France au VII. siecle.

SS. Felix & Valere Martyrs à Auxerre.

Plus de 100 Martyrs de l'Ordre de Cisteaux.

7. S. Serenic Diacre, reclus au Diocese de Séez. VII. siecle.

8. S. Desiré Evêque de Bourges, mourut l'an 550.

S. Elade Evêque d'Auxerre. IV. siecle.

S. Pierre de Tarentaise Evêque, mourut dans l'Abbaye de Bellevaux en Franche-Comté, de l'Or-dre de Cisteaux. XII. siecle.

S. Gibrian Prestres, ses Sœurs, & ses Compagnons, à Reims.

S. Martin le Voyageur à Sens.

9. L'Ascension de Nôtre Seigneur Jesus-Christ, cette Feste est dés le VII. siecle en France.

S. Denys Evêque de Vienne II. siecle.

10. S. Pallade neuviéme Evêque de Bourges. V. siécle.

Autre Saint de même nom treiziéme Evêque du même lieu, dans l'Abbaye de Marsillac; Ordre S. Benoist. VI. siécle.

Saint Silvestre, Evesque de Besançon. VI. siecle.

Sainte Eustadie Vierge à Bourges.

11. S. Mamert Evêque de Vienne. V. siécle.

S. Mayeul quatriéme Abbé de Cluni, mourut l'an 994.

S. Gengoul Martyr l'an 760, dans sa Terre d'Avaux en Bassigny, Diocese de Langres.

S. Gautier Chanoine Regulier, Abbé de l'Esterp en Limosin, mourut l'an 1070.

S. Rufe neuviéme, II. siécle, & S. Agatimbre vingt-deuxiéme, Evêques de Metz. IV. siécle.

11. Dimanche de l'Ascension.

Sainte Rictrude veuve, Abbesse de Marchiennes en Flandre, mourut l'an 688.

13. Sainte Agnes premiere Abbesse de Sainte Croix de Poitiers, mourut l'an 588.

Sainte Dioscole, Religieuse au même lieu.

S. Marcellien Evêque d'Auxerre. II. siécle.

S. Onesime Evêque de Soissons, IV. siécle.

Sainte Balsamie nourrice de S. Remy de Reims. V. siécle.

14. S. Erembert Religieux de S. Waudrille en Normandie, Evêque de Toulouse. VII. siécle.

S. Pons Evêque & Martyr à Saint Pons. III. siécle.

S. Apruncul Evêque de Langres, ensuite de Clermont en Auvergne. V. siécle.

15. SS. Cassi, Victorin, Maxime & 6265 Martyrs en Auvergne. III. siécle.

SS. Anatolin & Linguin, Martyrs, même temps & même Pays.

S. Eufraise Evêque de Clermont en Auvergne. VI. siécle.

S. Gerberen Prestre, & Sainte Dympne Vierge, Martyrs à Ghéle en Brabant. VIII. siécle.

S. Robert Confesseur à Binge. VIII. siécle.

16. Octave de l'Ascension depuis le XVI. siecle.

S. Peregrin premier Evêque d'Auxerre, Martyr. IV. siecle.

S. Fale Prestre, Abbé en Champagne. VI. siécle.

S. Germer Evêque de Toulouse. VI. siecle.

S. Honoré Evêque d'Amiens. VII. siecle.

S. Renobert Evêque de Bayeux. VII. siecle.

SS. Peregrin & Eman Martyrs, Diocese de Chartres.

S. Annobert Evêque de Séez. VII. siecle.

S. Fidol Abbé à Troyes V. siecle.

S. Simeon Stock, sixiéme General des Carmes à Bourdeaux , l'an 1250.

S. Brandan Abbé à Coutances.

17. SS. Heraclie, Paul, Aquilin, & deux autres, Martyrs à Nevers. III. siecle.

18. Veille de la Pentecôte, jeûne establi dés le VII. siecle.

S. Marolilan Martyr , sur la Riviere d'Aisne.

S. Quinibert Religieux au Diocese de Cambray.

19. P E N T E C O S T E.

S. Yves Official & Curé de Lohande en Bretagne, mourut l'an 1303.

S. Disier Evêque & Martyr à Chartres. V. siecle.

S. Adulphe Evêque de Terouanne.

S. Evon Evêque en Auvergne prés d'Issoire.

Le Bienheureux Alcuin , Abbé, Precepteur de Charlemagne, mourut à Tours l'an 804.

20. Lundi de la Pentecôte.

S. Bandille Martyr de Nismes: IV. siecle.

S. Austregisile Evêque de Bourges, mourut l'an 914.

S. Hilaire Evêque à Toulouse.

21. Mardi de la Pentecôte.

S. Hospice reclus en Provence. VI. siecle.

Sainte Eustelle Vierge & Martyre à Xaintes.

S. Valle Prestre à Auxerre.

S. Maurelle Prestre à Troyes.

Sainte Sitisberge Vierge à Arques en Picardie. VIII. siecle.

22. Quatre-Temps d'Eté dés le IX. siecle, Jeûne fixé à ce jour au XII. siecle.

S. Aigulfe Evêque de Bourges. IX. fiecle.

S. Beuvon, Gentilhomme Provençal. X. fiecle.

S. Aufone, Evêque & Martyr à Angoulême. II. fiecle.

S. Loup Evêque de Limoges. VI. fiecle.

S. Romain Difciple de Saint Benoift, à Vareilles. VI. fiecle.

Sainte Quiterie Vierge & Martyre à Bazas.

Autre Sainte du même nom, de la Ville de Bayeux, Vierge & Martyre, Diocefe de Chartres. 11. fiecle.

Sainte Marthe Vierge, Diocefe de Langres. V. fiecle.

S. Dizier Evêque de Langres. IV. fiecle.

S. Didier Evêque de Vienne en Dauphiné, tué au Village de Preffigny, maintenant S. Didier de Chalarine, l'an 608.

S. Guibert Moine de Gorze, Fondateur de l'Abbaye de Gemblours, mourut l'an 962.

SS. Donatien & Rogatien, Freres, Martyrs à Nantes. III. fiecle.

Saint Vincent de Lerins, Preftre Religieux. V. fiecle.

SS. Maxime Evêque & Veneraud Diacre, Martyrs, Diocefe d'Evreux.

SS. Vocalde & Vinebalde Preftres, Geruvarde & Regenharde Diacres, Martyrs, au Monaftere de Saint Bertin.

S. Injurieux & fa femme, Vierges à Clermont en Auvergne.

26. La fainte Trinité, Fefte établie au XIII. fiecle.

SS. Prifque & Icot Martyrs de l'Auxerrois. III. fiecle.

S. Gan Confeffeur à Oye en Champagne, Diocefe de Troyes. VII. fiecle.

S. Lambert Evêque de Vence, mourut l'an 1154.

27. S. Eutrope Evêque d'Orange. V. fiecle.

5. Hildevert Evêque de Meaux, Patron de la Ville de Gournay en Normandie. VII. siecle.

28. S. Germain Evêque de Paris, mourut l'an 576.

S. Cheron Martyr, au Pays Chartrain. V. siecle.

S. Lanvieu Evêque de Bayeux. V. siecle.

S. Rigomer Evêque de Meaux. IV. siecle.

S. Guillaume, voyez le 10 Février.

29. S. Maxime Evêque de Besançon, mourut prés Toirpot l'an 291.

5ꞏ Conon Abbé du Monastere de Lerins. VI. siecle.

30. Feste du saint Sacrement, celebrée en France l'an 1318.

S. Urbite Abbé de Mahun sur Loire, Diocese d'Orleans.

S. Maugille Solitaire, mourut à Monstrelet sur la Riviere d'Anthie proche Saint Riquer. VII. siecle.

S. Venant Religieux de Lerins, Frere de Saint Honorat. V. siecle.

S. Hubert Moine de Bretigny, Diocese de Soissons.

S. Simplicien Martyr à Poitiers.

S. Paul Abbé & ses Compagnons, Martyrs.

J U I N.

1. SAINT Caprais Abbé de Lerins, mourut l'an 430.

S. Reverien Evêque, Saint Paul, & dix autres Martyrs à Autun. III. siecle.

S. Clair Evêque, Martyr à Limoges.

S. Hilaire Evêque à Toulouse.

S. Claude Evêque à Vienne.

S. Hellade, Evêque à Vienne.

S. Virien Martyr à Vienne.

S. Joüin Confesseur à Poitiers.

S. Medulphe Moine en Auvergne.

2. II. Dimanche aprés la Pentecôte.

Les 48 Martyrs de Lion. II. siecle.

SS. Vincent, Prime & Felicien, Martyrs à Agen.

S. Algise, Prestre au Diocese de Laon.

3. Sainte Clotilde Reine de France. VI. siecle ; elle fut enterrée à Sainte Geneviéve.

S. Lifard Prestre à Meun sur Loire. VI. siecle.

S. Genes Evêque de Clermont en Auvergne. VII. siecle.

S. Morand Religieux de Cluni.

4. SS. Zotic, Attale, Eutyche, & plusieurs autres Martyrs à Nevers.

Sainte Saturnine, Vierge & Martyre à Arras.

S. Pierre de Bon Religieux de Cluni.

S. Petroce Anacorete en Bretagne.

5. S. Allyre Evêque de Clermont en Auvergne IV. siecle.

6. *Octave du Saint Sacrement.*

S. Norbert Archevesque de Magdebourg, Fondateur de l'Ordre de Prémontré, mourut l'an 1134.

S. Claude Evesque de Besançon, & Abbé de Saint Oyend dans le Montjou, quitta la terre l'an 581.

S. Agobard Evesque de Lion, mourut en Saintonge l'an 840.

SS. Amant, Alexandre, Luce, André & Peregrin, Martyrs à Nevers.

S. Artheme, Confesseur en Saintonge.

7. S. Marcellin Evesque du Puy-en-Velay VII. siecle.

S. Marcadoc Evesque à Vannes.

S. Godoald Confesseur à Sens.

8. S. Medard Evesque de Vermandois. VI. siecle.

S. Guildard Evesque de Rouen, VI. siecle.

S. Maximin Evesque d'Aix en Provence.

S. Clou Evesque de Metz. VII. siecle.

S. Heracle Evesque à Sens. V. siecle.

9. III. Dimanche aprés la Pentecoste.

S. Vincent Martyr en Agenois.

10. S. Landry Evesque de Paris. VII. siecle.

S. Evremond Abbé de Fontenay sur Orne en Bessin, mourut l'an 720.

S. Cenfure, Evefque d'Auxerre, VI. fiecle.

Ste Amalberge veuve à Lobes en Hainault.

11. S. Barnabé Apôtre, honoré en France dés le IX. fiecle.

Ste Macre, Vierge & Martyre au Diocefe de Reims. III. fiecle.

S. Aufone premier Evefque d'Angoulefme, Martyr III. fiecle.

SS. Marcelle & Anaftafe Martyrs, Diocefe de Bourges. III. fiecle.

12. S. Maur Abbé à Marfeille.

13. S Gerard Moine de Clairvaux, Frere aîné de Saint Bernard, mourut l'an 1138.

S. Agrice Evefque de Sens. V. fiecle.

S. Pfalmode Anacorete à Limoges.

14. SS. Rufin & Valere Receveurs du Domaine, Martyrs prés la Riviere de Vefle, Diocefe de Soiffons. III. fiecle.

S. Quintin Evefque de Rodes, puis de Clermont en Auvergne. VI. fiecle.

S. Ætherie Evefque de Vienne. VII. fiecle.

S. Bobon Evefque du mefme lieu. VIII. fiecle

15. S. Abraham Abbé en Auvergne. V. fiecle.

S. Landelin Fondateur de Lobes, Diocefe de Cambray, premier Abbé de Crefpin en Hainault. VII. fiecle.

16. IV. Dimanche aprés la Pentecofte.

S. Forgeau Preftre, & S. Forgeon Diacre, Martyrs de Befançon. III. fiecle.

S. Semblein Evefque de Nantes. IV. fiecle.

S. Aurelien Evefque d'Arles. VI. fiecle.

S. Domnol Evefque de Vienne. VII. fiecle.

S. Berthald, Confeffeur à Reims.

17. S. Avy, troifiéme Abbé de S. Mefmin prés d'Orleans. VI. fiecle.

S. Avit Abbé de Châteaudun. VI. fiecle.

S. Antide Evefque & Martyr à Befançon. V. fiecle.

S. Verol Confesseur à Marcenay Diocèse de Langres. VI. siecle.

18. S. Amand Evesque de Bourdeaux. V. siecle.

S. Gebuin Evesque de Lion, mourut l'an 1077.

S. Annobert Evesque d'Avranches. VI. siecle.

19. S. Dié Evesque de Nevers. VI. siecle.

S. Innocent Evesque au Mans. VI. siecle.

20. S. Lutuin Evesque de Séez.

S. Bain Evesque de Terouanne.

21. S. Meen, premier Abbé de Ghé en Bretagne.
VI. siecle.

S. Leufroy Abbé de la Croix en Normandie.
VIII. siecle.

S. Rodulphe Evesque à Bourges.

22. Vigile & jeûne.

Sainte Consorce Vierge. V. siece.

S. Domitien Confesseur, Diocese de Cambray.

23. IV. Dimanche aprés la Pentecoste.

24. LA NATIVITE' de S. Jean-Baptiste.

S. Simplice Evesque d'Autun. IV. siecle.

Sainte Raingarde veuve, Religieuse de Marsigny,
mourut l'an 1135.

S. Guymard Evesque de Nantes, Martyr l'an 843.

Sainte Pecinne, Diocese de Poitiers.

25. S. Simplice Evesque d'Autun. VI. siecle.

S. Tudual Evesque de Treguier, mourut l'an 600.

S. Ithier Evesque de Bourges.

26. S. Maixent Prestre Abbé en Poitou. VI. siecle.

S. Babolin premier Abbé de S. Maur des-Fossez.
VII. siecle.

S. Lambert Evesque de Vence, mourut l'an 1154.

S. Anthelme, General des Chartreux, Evesque de
Bellay, mourut l'an 1178.

S. Salve, & S. Superie Martyrs à Valenciennes.
VIII. siecle.

27. S. Crescent premier Evesque de Vienne. V.
siecle.

S. Jean Preftre à Tours.

Sainte Pome Vierge à Châlons fur Marne.

28. *Jeûne.*

S. Srenée Evefque de Lion, Martyr. III. fiecle.

S. Zacharie Preftre de la mefme Eglife, mefme fiecle.

29. S. Pierre & S. Paul Apoftres, Martyrs. I. fiecle.

Sainte Benoife Vierge, au Diocefe de Sens.

30. VI. Dimanche aprés la Pentecofte.

S. Martial, premier Evefque de Limoges. Apôtre de l'Aquitaine. III. fiecle.

S. Oftian, Evefque de Viviers. III. fiecle.

JUILLET.

1. SAINT Thibaud Preftre, Hermite à Metz. XI. fiecle.

S. Thierry Abbé du Mont-d'Hor prés Reims. VI. fiecle.

S. Gal, Evefque de Clermont en Auvergne. VI. fiecle.

S. Leonore, Evefque Regionnaire en Bretagne. VI. fiecle.

S. Cales premier Abbé d'Anille, au Païs du Maine. VI. fiecle.

S. Cybar Reclus à Angoulefme, mourut l'an 581.

S. Martin Evefque & Martyr à Vienne, l'an 112.

2. La Vifitation de la Sainte Vierge, Fefte reçûë en France, aprés le Concile de Bafle. XV. fiecle.

Sainte Monegonde, Reclufe à Tours. VI. fiecle.

3. S. Berttan Evefque du Mans, mourut l'an 623.

S. Guillaume cinquiéme Duc d'Aquitaine. XII. fiecle.

4. Sainte Berte veuve, Abbeffe de Blangy en Artois. VIII. fiecle.

S. Laurian Evefque, Martyr à Bourges.

5. S. Pierre de Luxembourg Cardinal, Evefque de Metz, mourut à Villeneuve prés d'Avignon, l'an 1395.

S. Paul , Evefque de Sens. VI. fiecle.

6. Ste Godeleine, femme mariée, Martyre l'an 1070.

7. VII. Dimanche aprés la Pentecofte.

S. Felix Evefque de Nantes , mourut l'an 584.

Sainte Edilburge , troifiéme Abbeffe de Faremoutier , & Sainte Artongade Religieufe de la mefme
Abbaye. VIII. fiecle.

S. Angelefine Evefque d'Auxerre. IX. fiecle.

S. Severe Evefque d'Avranches. VI. fiecle.

S. Materne Evefque de Reims. VI. fiecle.

8. S. Thibaud Abbé des Vaux de Cernay, Diocefe de Paris , mourut l'an 1247.

S. Evode Evefque à Soiffons.

S. Dulcard , Confeffeur à Bourges.

S. Grimbald , Religieux de l'Abbaye de S. Bertin
dans Saint Omer, Abbé.

Sainte Landrade Vierge, Abbeffe.

9. XIX. Martyrs dans la Gaule Belgique.

10. S. Amalberge veuve, mere de plufieurs Saints
au Pays-Bas. VIII. fiecle.

S. Alberic , fecond Abbé de Cifteaux.

S. Waldarie Religieux de Cluni.

11. S. Ulric, Confeffeur à Sens.

12. S. Viventiol , Evefque de Lion. VI. fiecle.

S. Jean Abbé, Difciple de Saint Amand, Diocefe de
Tournay.

13. Saintes Maure & Brigide, Vierges Martyres
en Beauvaifis & Touraine. V. fiecle.

S. Turiaf Evefque de Bretagne. VIII. fiecle.

S. Thaurin, Evefque de Dol en Bretagne. VIII.
fiecle.

14. VIII. Dimanche aprés la Pentecofte.

S. Bonnaventure, Cardinal Evefque d'Albano, General de l'Ordre de Saint François , mourut à Lion.
XIII. fiecle.

15. S. Plechelme , Evefque d'Ecoffe , mourut en
Flandre au VIII. fiecle.

16. S. Helere Martyr à Coutances.

S. Julien Confeſſeur à Limoges.

17. S. Æterne Eveſque, Martyr à Evreux l'an 441.

S. Theodoſe, Eveſque à Auxerre. VI. ſiecle.

18. S. Arnould Martyr au Dioceſe de Reims. VI. ſiecle.

S. Theodotic, Eveſque de Metz. X. ſiecle.

19. S. Rhetice Eveſque d'Autun. VI. ſiecle.

S. Ruſtique, Preſtre à Lion.

20. Saint Vilmer, Abbé de Samer en Boulenois. VIII. ſiecle.

S. Clair Martyr en Aquitaine. III. ſiecle.

S. Hildegrin, Eveſque de Châlons ſur Marne. VIII. ſiecle.

21. IX. Dimanche aprés la Pentecoſte.

S. Victor de Marſeille, & ſes Compagnons, Martyrs. III. ſiecle.

Sainte Julie Vierge, Martyre à Troyes. III. ſiecle.

S. Serend Confeſſeur, Dioceſe du Mans.

Sainte Magdelene, dont la Feſte eſt dés le VIII. ſiecle en France.

S. Vandrille Abbé de Fontenelles au Pays de Caux, mourut l'an 667.

S. Menelé, Abbé de Menat en Auvergne. VIII. ſiecle.

S. Salvien Preſtre de Marſeille. V. ſiecle.

23. S. Liboire quatriéme Eveſque du Mans. V. ſiecle.

S. Jean Caſſien, Preſtre de Marſeille, mourut l'an 448.

24. S. Urſin, Eveſque à Sens. IV. ſiecle.

S. Panace, Eveſque du Mans. II. ſiecle.

25. S. Jacques le Majeur Apoſtre, Martyr. I. ſiecle; ſa Feſte eſt en France dés le VII. ſiecle.

Sainte Goſinde Vierge, Abbeſſe à Metz. VIII. ſiecle.

26. Sainte Anne mere de la Sainte Vierge, ſon

culte eft du VI. fiecle en France.

S. Evral Abbé prés de Beauvais. VII. fiecle.

S. Jore Evefque à Bethune en Artois.

27. S. Etherie Evefque d'Auxerre, mourut l'an 576.

S. Didier Evefque de Befançon. V. fiecle.

S. Galactoire Evefque de Bearn ou de Refcar. VI. fiecle.

28. X. Dimanche aprés la Pentecofte.

S. Samfon Evefque Regionnaire, & Abbé à Dol en Bretagne. VI. fiecle.

SS. Oure & Libeffe Abbez en Touraine. VI. fiecle.

S. Radimin Martyr à Rennes.

S. Peregrin Preftre à Lion.

29. Ste Marthe hôteffe de JESUS-CHRIST, & Marie de Bethanie fœurs du Lazare, reverées en France dés le dixiéme fiecle.

S. Loup Evefque de Troyes mourut l'an 478.

S. Profper Evefque d'Orleans. V. fiecle.

S. Guillaume Evefque de S. Brieux. XIII. fiecle.

30. S. Nofe Evefque d'Auxerre. VI. fiecle.

S. Explece Evefque de Metz. IV. fiecle.

31. S. Ignace de Loyola Fondateur de la Compagnie de JESUS, il étudia à Paris en 1528, mourut l'an 1556.

S. Germain Evefque d'Auxerre. V. fiecle.

SS. Jean Preftre & Benigne Diacre freres jumeaux, Diocefe de Toul.

AOUST.

1. SAINT Pierre aux liens. Cette fefte eft du XII. fiecle en France.

S. Spire Evefque de Bayeux, Patron de Corbeil. V. fiecle.

S. Friard Solitaire prés de Nantes, & S. Secondel Diacre. VI. fiecle.

S. Vere Evefque, Martyr à Vienne l'an 163.

S. Arcade Evefque de Bourges.

S. Jonat Abbé, Difciple de S. Amand, Diocefe d'Arras.

S. Theodoric premier Abbé de S. Evroul, Ordre de S. Benoît à Lizieux.

2. S. Baudarin Evefque de Soiſſons. VI. ſiecle.

S. Bethaire Evefque de Chartres. VII. ſiecle.

3. S. Euphrone Evefque d'Autun. V. ſiecle.

4. XI. Dimanche aprés la Pentecofte.

S. Dominique Inſtituteur des Jacobins, mourut l'an 1221.

S. Euphrone Evefque de Tours, paſſa de ce monde en l'autre l'an 573.

S. Maurin Evefque d'Auxerre. VIII. ſiecle.

5. S. Memie premier Evefque de Châlons ſur Marne. II. ſiecle.

S. Yon Preſtre, Martyr de Hurepoix, Dioceſe de Paris. III. ſiecle.

S. Caſſien Evefque d'Autun. IV. ſiecle.

S. Abel Archevefque de Reims. VIII. ſiecle.

S. Fredulphe Confeſſeur à Xaintes.

6. LA TRANSFIGURATION DE NÔTRE SEIGNEUR JESUS-CHRIST, feſtée en France depuis l'an 1457.

7. S. Victrice Evefque de Roüen. V. ſiecle.

S. Lizier Evefque de Couſerans. VI. ſiecle.

S. Donatien Evefque de Châlons. II. ſiecle.

8. S. Juſtin Martyr à Louvres en Pariſis. V. ſiecle.

S. Severe Preſtre à Vienne.

S. Mommole premier Abbé de Fleury, mourut à Bourdeaux. VII. ſiecle.

9. Jeûne.

S. Maurille. Archevefque de Roüen, mourut l'an 1065.

S. Herne Abbé à Beaune en Bourgogne. VI. ſiecle.

10. S. LAURENT Diacre, Martyr l'an 258, feſté en France dés le IV. ſiecle.

S. Arige Evefque de Lion. VII. ſiecle.

S. Aucteur Evefque de Metz.

S. Hugues Evefque d'Auxerre, mourut l'an 1045.

11. XII. Dimanche aprés la Pentecoste.

S. Taurin premier Evesque d'Evreux. IV. siecle.

S. Gery Evesque de Cambray & d'Arras. VI. siecle.

Sainte Rusticle Abbesse de S. Cesaire d'Arles, mourut l'an 632.

12. S. Porcaire Abbé de Lerins, & 50 Compagnons Martyrs. VIII. siecle.

Sainte Aquilberte Vierge, Abbesse de Jouarre, Diocese de Meaux. VIII. siecle.

13. Sainte Radegonde Reine de France, Religieuse à Poitiers, mourut l'an 587.

S. Junien Abbé de Maire, dit l'Evescau en Poitou, mourut à la mesme heure, jour & an.

S. Laudulphe Evesque d'Evreux. VI. siecle.

14. Jeûne.

15. L'ASSOMPTION DE LA SAINTE VIERGE, feste establie en France dés le V. siecle. Il y a six Metropoles & trente-trois Eglises Suffragantes dediées à la Sainte Vierge.

S. Arnould Evesque de Soissons, mourut l'an 1087.

16. S. Arey Evesque de Nevers. VI. siecle.

S. Eleuthere Evesque d'Auxerre, mourut l'an 561.

S. Frambout Solitaire au Maine. VI. siecle.

S. Arnould Evesque de Metz. VII. siecle.

S. Roch Confesseur en Languedoc. XIV. siecle.

S. Baussenge Martyr, Patron de Rameru en Champagne, l'an 407.

Sainte Triase Vierge à Poitiers. V. siecle.

S. Armagile Confesseur à S. Malo.

17. S. Carloman Duc des François, Religieux, mourut à Vienne en Dauphiné l'an 755.

18. XIII. Dimanche aprés la Pentecoste.

S. Fremin Evesque de Metz. VI. siecle.

19. S. Loüis Evesque de Toulouse, mourut l'an 1297.

S. Marein Solitaire du Berry. VI. siecle.

S. Elephe Evefque de Châlons fur Marne. VI. fiecle.

20.S. Bernard Abbé de Clairvaux, mourut l'an 1153.

S. Maxime Confeffeur à Chinon en Touraine. V. fiecle.

S. Hardoüin Evefque du Mans , mourut l'an 653.

S. Filbert premier Abbé de Jumieges & de Nermoutier. VII. fiecle.

S. Thomas Chanoine Regulier, Prieur de S. Victor les Paris , Martyr. XII. fiecle.

S. Seton Martyr à Xaintes.

21.S. Privat Evefque du pays de Gevaudan, Martyr. III fiecle.

Sainte Hombeline fœur de S. Bernard, mourut l'an 1141,dans le Monaftere de Billette au Diocefe de Langres.

22. S. Symphorien Martyr à Autun. II. fiecle.

S. Maur Preftre , S. Apollinaire & 50 autres Martyrs à Reims.

S. Sidoine Evefque d'Auvergne , mourut l'an 482.

SS. Minerve , Eleazar & 8 enfans Martyrs à Lion. II. fiecle.

S. Flavidy Evefque d'Autun. VII. fiecle.

Sainte Afceline Vierge à Boullencourt Abbaye de Cifteaux, Diocefe de Troyes. XII. fiecle.

24. S. Barthelmy Apoftre , Martyr. I. fiecle.

S. Oüin Evefque de Roüen , mourut l'an 683.

S. Rigomer Confeffeur , Diocefe du Mans.

S. Patrice Solitaire à Nevers.

25. XIV. Dimanche aprés la Pentecofte.

S. Loüis Roy de France. XIII. fiecle.

S. Genés Greffier à Arles, Martyr. IV. fiecle.

S. Yvies Abbé à Limoges. VI. fiecle.

Sainte Hunegonde Religieufe de Hombliers en Vermandois. VII. fiecle.

26. S. Eleuthere Evefque à Auxerre. VI. fiecle.

Sainte Teneftine Vierge au Mans. VI. fiecle.

27. S. Cesaire Evesque d'Arles , mourut l'an 542.

S. Syagre Evesque d'Autun , mourut l'an 600.

S. Ebbon Evesque de Sens. VIII. siecle.

28. S. Augustin Evesque d'Hippone , Docteur de l'Eglise , mourut l'an 430. Cette Feste est dés le sixiéme siecle en France.

S. Julien Martyr à Brioude en Auvergne. IV. siecle.

S. Bibien Evesque de Xaintes.

29. La Decollation de S. Jean-Baptiste, dont le Chef est à Amiens.

S. Merry Prestre, Abbé de S. Martin d'Autun. VIII. siecle.

30. S. Agile premier Abbé de Rebais , Diocese de Meaux. VII. siecle.

S. Fiacre Solitaire du Diocese de Meaux. VII. siecle.

S. Eone Evesque d'Arles. V. siecle.

31 Sainte Isabelle de France, vierge, sœur de S. Loüis, fondatrice du Monastere de Longchamps prés Paris, mourut l'an 1270.

S. Ebrege fille Evesque de Meaux , mourut au Monastere de Jouarres. VIII. siecle.

SEPTEMBRE.

1. DIMANCHE XV. aprés la Pentecoste.
S. Gilles Abbé en Languedoc. VI. siecle.

S. Leu Evesque de Sens , mourut à Brinon. VII. siecle.

SS. Sixte & Sinice premiers Evesques de Reims & de Soissons. III. siecle.

S. Firmin Confesseur Evesque d'Amiens. VI. siecle.

S. Victeur Evesque du Mans. VI. siecle.

S. Nivard Evesque de Reims. VII. siecle.

2. S. Antonin Martyr de Pamiers en Languedoc. VII. siecle.

S. Just Evesque de Lion. IV. siecle.

3. S. Ayou Abbé de Lerins, Martyr. VII. siecle.

S. Ambroise Evesque de Sens. V. siecle.

S. Rieul Evêque de Reims.

4. S. Marcel, Martyr à Châlon sur Saone. II. siecle.

S. Valerien, Martyr à Tournus en Bourgogne. II. siecle.

5. S. Corentin premier Evêque de Cornouaille en basse Bretagne. V. siecle.

S. Bertin Abbé de Sithiu à S. Omer. VIII. siecle.

S. Genebaub premier Evêque de Laon. VI. siecle.

S. Ansaric Evêque de Soissons. VII. siecle.

6. S Cagnoald Evêque de Laon. VII. siecle.

SS. Sanctian, Augustin, Felix, Aubert, & Beate Vierge, Martyrs à Sens. III. siecle.

7. S. Cloud Prêtre du Diocese de Paris. VI. siecle.

Sainte Reine Vierge & Martyre d'Alise en Bourgogne, au Diocese d'Autun. III. ou V. siecle.

S. Euverte Evêque d'Orleans. IV. siecle.

S. Estienne Evêque de Die en Dauphiné, mourut l'an 1213.

S. Memor & six de ses Compagnons, Martyrs à Breü. V. siecle.

S. Augustal Evêque d'Arles. V. siecle.

S. Vivant Evêque de Reims. IV. siecle.

S. Gondulphe Evêque de Metz. IX. siecle.

9. XVI. Dimanche aprés la Pentecoste.

LA NATIVITE' DE LA SAINTE VIERGE. VIII. siecle.

S. Berteuvin, Martyr au Diocese du Mans.

9 S. Omer Evêque de Terouanne, mourut l'an 668.

S. Veran Evêque de Vence en Provence. V. siecle.

S. Pelage Martyr à Coustance. III. siecle.

S. Vidian Martyr à Rieux. IV. siecle.

10. S. Salvy Evêque d'Alby. VI. siecle.

S. Salvin Evêque de Mascon. VI. siecle.

S. Enuche Evêque de Noyon.

11. S. Patient Evêque de Lion, mourut l'an 491.

S. Marbodus Evêque de Rennes, mourut l'an 1123.

S. Almir Confeſſeur au Mans. VI. ſiecle.

11. S. Seidot Evêque de Lion. VI. ſiecle.

S. Ebronton Evêque de Balbaſtro en Arragon, mort à Comminges.

S. Reverent Preſtre à Bayeux.

13. S. Lidoire Evêque de Tours. IV. ſiecle.

S. Maurille Evêque d'Angers, mourut l'an 437.

S. Maurille Archevêque de Rouen. XI. ſiecle.

S. Amet premier Abbé de Habende, dit depuis Remiremont, mourut l'an 627.

S. Amé Evêque de Sens, Patron de Douay, mourut dans le Monaſtere de Bruël l'an 690.

S. Nectare Evêque d'Autun. VI. ſiecle.

S. Amand Evêque de Rennes. V. ſiecle.

14. L'Exaltation de Sainte Croix, feſtée dés le IX. ſiecle.

15. XVII. Dimanche aprés la Pentecoſte.

Sainte Eutrope veuve en Auvergne. V. ſiecle.

S. Achart Abbé de Jumieges, mourut l'an 687.

S. Aubin Evêque de Lion. IV. ſiecle

S. Lubin Evêque de Chartres. VI. ſiecle.

16. S. Louis Alleman, Cardinal Archevêque d'Arles, l'an 1450.

S. Principe Evêque au Mans. VI. ſiecle.

17. S. Rouin premier Abbé de Beaulieu; mourut l'an 680.

S. Flocelle Martyr à Autun. II. ſiecle.

18. Quatre-temps, Jeuſne.

S. Ferreal Martyr de Vienne. IV. ſiecle.

S. Ferreal Evêque de Limoges. VI. ſiecle.

S. Ferreal Evêque d'Uſez. VI. ſiecle.

SS. Valerien, Macrin & Gordien, Martyrs à Nevers. III. ſiecle.

19. S. Euſtoche Evêque de Tours, mourut l'an 461.

S. Seine Abbé en Bourgogne. VI. ſiecle.

S. Goërie Evêque de Metz.

20. Vendredi des Quatre-temps, Jeuſne.

21. Samedi des Quatre-temps , *Jeûne.*

S. Matthieu Apôtre Evangeliste. I. siecle.

S. Lo Evêque de Coutances. VI. siecle.

Sainte Maure Vierge à Troyes. IX. siecle.

S. Castor Evêque d'Apt. IV. siecle.

22. XVIII. Dimanche aprés la Pentecoste.

S. Just Martyr en Bauvaisis. V. siecle.

S. Justin Martyr en Parisis. V. siecle.

S. Emmeran Evêque de Poitiers, puis Missionnaire de Ratisbonne en Baviere, Martyr l'an 655.

Sainte Salaberge veuve, Abbesse de S. Jean de Leon, rendit l'esprit l'an 654.

S. Saintin Evêque de Meaux. III. siecle.

S. Florent Prestre Confesseur en Poitou, Patron de la Ville de Roye en Santerre. IV. siecle.

S. Silvain Confesseur du Berry, Patron de Levroux. V. siecle.

Sainte Lindru Vierge & ses sœurs Saintes Amée, Hou, Menehou, & Pusinne Vierges en Champagne. VII. siecle.

23. S. Paxent Martyr , & Sainte Albine sa sœur & Vierge, Martyre à Paris. II. siecle.

Sainte Hersinde Reine d'Angleterre, Religieuse de Chelles.

24. S. Rustic Evêque d'Auvergne. V. siecle.

S. Souléine Evêque de Chartres. VI. siecle.

S. Germer premier Abbé de Flay en Beauvaisis. VII. siecle.

SS. Andoche Prêtre, Thyre Diacre, & Felix, Martyrs à Autun. II. siecle.

S. Isarne Abbé à S. Victor de Marseille.

25. S. Firmin premier Evêque d'Amiens, Martyr, III. siecle.

S. Honet Prestre de Toulouse. III. siecle.

S Loup Evêque de Lion. VI. siecle.

S. Principe Evêque de Soissons. VI. siecle.

S. Annaire Evêque d'Auxerre, mourut l'an 605.

S. Ceolfred Prêtre à Langres. VIII. siecle.

26. Les SS. sept Dormans à Tours.

27. SS. Florentin & Hilaire Martyrs en Bourgogne. V. siecle.

S. Ceran Evêque de Paris. VII. siecle.

Sainte Hiltrude Vierge recluse à Lieslies. VIII. siecle.

S. Elzear Comte d'Arian, Baron d'Ansois, & Sainte Delfine sa femme. XIV. siecle.

S. Gingurian Convers dans l'Abbaye de S. Gildas Ordre de S. Benoist, Diocese de Vannes en Bretagne. VI. siecle.

28. S. Exupere Evêque de Toulouse. V. siecle.

S. Chaumont Evêque de Lion, Martyr. VII. siecle.

S. Allodie Evêque d'Auxerre. V. siecle.

29. XIX. Dimanche aprés la Pentecoste,

S. Michel & tous les SS. Anges, fête établie au IX. siecle en France.

S. Jean de Montmirail Religieux de l'Ordre de Cîteaux, mourut l'an 1217.

S. Fraterne Evêque d'Auxerre, Martyr. V. siecle.

S. Ursion Confesseur à Troyes. V. siecle.

30. SS. Victor & Urse Martyrs, Diocese d'Annecy. III. siecle.

OCTOBRE.

1. SAINT REMY Evêque de Reims. V. siecle.

S. Piat Apostre de Tournay, Martyr. III. siecle.

S. Fremeri Martyr à Bazas. III. siecle.

Sainte Germaine vierge à Bar-le-Duc.

S. Benoist Solitaire Diocese de Nantes. VIII. siecle.

2. S. Leger Evêque d'Autun, Martyr en l'an 678.

S. Girin frere de S. Leger.

S. Pipion Diacre à Beaune en Gastinois. V. siecle.

S. Laumer Evêque de Châlons VI. siecle.

3. S. Cyprien Evêque de Toulon. VI siecle.

S. Gilbert premier Abbé de Neuflonts en Auvergne, & Sainte Perronnelle sa femme, premiere Abbesse d'Aubeterre. XII. siecle.

4. S. François Patriarche des Freres Mineurs, mourut l'an 1226.

Sainte Aure Abbesse de S. Martial dans Paris, où sont à présent les Barnabites, sortit de ce monde l'an 666.

S. Lisbie Martyr à Paris. III. siecle.

S. Quintin Martyr à Tours. III. siecle.

SS. Amelin & Amici d'Auvergne. VIII. siecle.

5. S. Apollinaire Evêque de Valence sur le Rhône. VI. siecle.

6. XX. Dimanche aprés la Pentecoste.

S. Bruno Instituteur de l'Ordre des Chartreux, mourut l'an 1101.

Sainte Foy Vierge & S. Captais Martyrs à Agen. III. siecle.

S. Pardou Abbé de Gueret dans la Marche, mourut l'an 737.

S. Prudence Martyr au Monastere de S. Pierre de Beze, Ordre de S. Benoît, Diocese de Langres. V. siecle.

SS. Prime & Felicien, & 500 Martyrs à Agen. III. siecle.

S. Romain Evêque d'Auxerre. VI. siecle.

Sainte Enynie Vierge Diocese de Mende. VII. siecle.

7. S. Aoult Prêtre en Berry. VI. siecle.

S. Pallade Evêque de Xaintes. VI. siecle.

8. Sainte Benoîte d'Origny, Sainte Romaine de Beauvais, & leurs Compagnes, Vierges & Martyres. IV. siecle.

S. Evode Evêque de Roüen. V. siecle.

S. Calettic Evêque de Chartres. VI. siecle.

S. Grat Evêque de Châlons sur Saone, mourut l'an 652.

Sainte Regenfrede Vierge à Denain prés Valenciennes. VIII. siecle.

9. S. Denys Apôtre & premier Evêque de Paris,

& ses Compagnons Martyrs. III. siécle.

S. Guislain Prêtre Abbé en Hainault. VII. siécle.

Sainte Larcie Martyre à Paris. III. siecle.

S. Visbie fils de Sainte Larcie. III. siecle.

10. S. Aldric Evêque de Sens, mourut l'an 840.

Sainte Tanche Vierge, Martyre à Troyes.

S. Venant Hermite, Martyr en Hainault.

11. SS. Nicaise Prêtre, Cerin, Egobille, & Sainte Pieuche Martyrs au Vexin François. IV. siecle.

S. Firmin Evêque d'Usez en Languedoc. VI. siecle.

S. Gomer homme marié en Brabant. VIII. siecle.

S. Agilbert Evêque de Paris. VII. siecle.

Sainte Thelchide Abbesse de Joüarres, Diocese de Meaux. VII. siecle.

S. Germain Evêque de Besançon, Martyr. IV. siecle.

S. Emilien Confesseur à Rennes.

Sainte Julienne Abbesse, Diocese de Roüen.

12. S. Opion Prêtre à Bourges.

13. XXI. Dimanche aprés la Pentecôte.

S. Venant Abbé à Tours. V. siecle.

S. Geraud Comte & Baron d'Orilhac, Patron de la haute-Auvergne. X. siecle.

S. Gerard Confesseur à Cluni.

14. S. Donatien Evêque de Reims, Patron de Bruges. IV. siecle.

Sainte Angadresme Vierge, Patrone de Beauvais. VII. siecle.

15. Sainte Therese Vierge, Mere des Carmelites de l'Etroite Observance, Reformatrice des Carmes Déchausfez, mourut l'an 1582.

S. Leonard de Vandeuvre au Maine, Prêtre Abbé. VI. siecle.

S. Bertrand Evêque de Comminges en Gascogne. XII. siecle.

S. Antioque Evêque de Lion. V. siecle.

S. Deodat Evêque de Vienne. VIII. siecle.

S. Austrichy

16. S. Austriclin, Confesseur à Limoges. II. siecle.
Saint Gal, Abbé. VII. siecle.

S. Maimbœuve, Evêque d'Angers mourut l'an 654.

S. Bercaire, premier Abbé de Hautvilliers, puis de Montirandé en Champagne, rendit son ame à Dieu l'an 696.

S. Mommelein, Evesque de Noyon, & de Tournay, acheva heureusement sa course l'an 685.

Saint Ambroise, Evesque de Cahors. VIII. siecle.
Saint Silvain, Martyr à Limoges. III. siecle.

Apparition de Saint Michel, au sixiéme siécle, au Mont Saint Michel Diocese d'Avranches.

Saint Leoben, Anacorete à Soulognac, Diocese de Limoges.

Saint Junion, Confesseur, Diocese de Limoges. VII. siecle.

Saint Gordanin, Ermite prés de Dollay.

17. Sainte Astrude, Vierge, Abbesse à Laon. VII. siecle.

S. Florentin, Evesque d'Orange. VI. siecle.

S. Berar, Evesque du Mans, mourut l'an 688.

Saint Tredoux, Evesque d'Agen. V. siecle.

Sainte Soline, Vierge Martyre, à Chartres. III. siecle.

18. S. Luc Evangeliste, Feste celebrée en France dés le VII. siecle.

S. Just Martyr en Beauvaisis. V. siecle.

S. Justin, Martyr en Parisis. V. siecle.

19. S. Aquilin, Evesque d'Evreux, mourut l'an 695.

S. Chastre, Abbé de Charmery, ou du Monastier-Saint Chastre, en Vellay, Martyr. VIII. siecle.

Saints Savinien, & Potentien, Apostres de Sens, Martyrs. III. siecle.

S. Loup, Evesque de Soissons. V. siecle.

S. Ebban, Diacre en Bretagne. VI. siecle.

S Desiré, Prestre, Diocese de Bourges.

20. XXII. Dimanche aprés la Pentecoste.

D

S. Sendou , Prestre au Diocese de Reims. VII. siecle.

S. Maxime, Diacre, Martyr à Amiens. III. siecle.

S. Agricole , Evesque de Soissons.

21. Sainte Celine , Vierge à Meaux. VI. Siecle.

S. Just , Confesseur à Clermont en Auvergne.

S. Condede , Religieux de Fontenelle. VII. siecle.

22. S. Melon , premier Evesque de Roüen. III. siecle.

S. Louvent , Abbé de S. Privat en Givaudan, Martyr. IV. siecle.

S. Moran, Evêque de Rennes. VIII. siecle.

S. Valere , Martyr à Langres. V. siecle.

23. S. Romain, Evêque de Roüen, mourut l'an 639.

S. Severin , Evêque de Cologne à Bourdeaux. V. siecle.

S. Gratien , Martyr à Amiens. III. siecle.

S. Domice , Prestre à Amiens.

S. Edit , Evêque de Vienne. VII. siecle.

S. Benoist Confesseur, au Diocese de Poitiers.

24. S. Magloire, Evêque Regionnaire, Abbé de Dol en Bretagne , mourut l'an 575.

S. Senoch , Abbé en Touraine. VI. siecle.

S. Martin , Abbé de Vertou en Bretagne , dit Saint Martin-le-seul. VII. siecle.

25. Saints Crêpin & Crêpinien, Freres, Martyrs à Soissons , l'an 287.

S. Front, premier Evêque de Perigueux. IV. siecle.

S. Loup , Evêque de Bayeux. V. siecle.

S. Douchard , Solitaire à Ambly en Berri. VII. siecle.

S. Spat , Martyr au Territoire de Touraine.

S. Hilaire , Evêque à Mende. VI. siecle.

S. Celsin , Prestre à Laon. VI. siecle.

26. Jeûne.

S. Rustique , Evesque de Narbonne. V. siecle.

S. Longisan , Abbé Solitaire , Patron de l'Eglise

Collegiale de Cebazat, prés Clermont en Auvergne. VII. siecle.

27. Dimanche 23. aprés la Pentecôte.

S. Desiré, Evêque d'Auxerre. VI. siecle.

S. Dodon, Confesseur à Mouftier en Faigue.
VII. siecle.

28. S. Simon & S. Jude, Apoftres. I. siecle.

S. Faron, Evêque de Meaux, mourut l'an 672.

S. Remi, Archevêque de Lion, mourut l'an 875.

29. S. Chef, Abbé à Vienne en Dauphiné. VI. siecle.

S. Gomit, Confesseur à Bourges. VI. siecle.

30. S. Lucain, Martyr en Beausse. V. siecle.

S. Hebeine, Archevêque à Tours, Abbé de Marmoutiers.

31. Jeûne.

S. Quentin, Martyr au Vermandois. III. siecle.

S. Outain, Abbé de Fosse de Peronne & de Saint
Quentin. VII. siecle.

NOVEMBRE.

1. La Feste de tous les Saints établie depuis le IX.
siecle.

S. Benigne, Apoftre de Bourgogne, Martyr. II.
siecle.

S. Auftremoine, Apoftre, & premier Evêque d'Auvergne. III. siecle.

S. Amable, Preftre, Curé & Patron de Riom en
Auvergne. V. siecle.

S. Vigor, Evêque de Bayeux. IV. siecle.

2. La Commemoration de tous les Fideles Tre-
passez. XIV. siecle.

S. George, Evesque de Vienne. VIII. siecle.

S. Lautin, Religieux en Bourgogne.

3. XXIV. Dimanche aprés la Pentecoste.

S. Marcel, Evêque de Paris. V. siecle

S. Papoul, Preftre, Martyr à Lauraguais prés
de Toulouse. III. siecle.

S. Flour, premier Evêque de Lodeve en Languedoc.
IV. siecle.   C ij

S. Guenau, Abbé de Laudevence, au Diocefe de Quimper. VI. fiecle.

S. Domnin, Evêque de Vienne. VI. fiecle.

S. Beomir, Prêtre, Diocefe du Mans. VI. fiecle.

4. S. Ludre à Bourges.

S. Clair, Preftre, Martyr en Vexin. IV. fiecle.

S. Clair d'Aquitaine, Evêque Martyr. IV. fiecle.

S. Chamant, premier Evêque de Rhodes. V. fiecle.

S. Procle, Evêque d'Autun, Martyr. III. fiecle.

S. Quintien, frere de Saint Amant, & fon fucceffeur à l'Epifcopat.

S. Gregoire, Abbé pres d'Aix. IX. fiecle.

S. Girard, Preftre, Moine de l'Abbaye de Saint Aubin d'Angers.

5. Sainte Bertille, Vierge, premiere Abbeffe de Chelles, au Diocefe de Paris. VIII. fiecle.

S. Lié, Solitaire de Berri, mourut dans l'Ermitage de la Foreft-aux-Loges, l'an 533.

S. Gontald, Solitaire dans les Montagnes du Limofin. VII. fiecle.

6. S. Leonard, Solitaire en Limofin. VI. fiecle.

S. Lupent Martyr prés Chaalons en Champagne. VI. fiecle.

7. S. Amaranthe, Martyr à Albi. III. fiecle.

S. Baudin, Evêque de Tours. VI. fiecle.

S. Amandin, Confeffeur à Clermont en Auvergne.

8. S. Clair, Preftre en Touraine. IV. fiecle.

S. Godefroy, Evefque d'Amiens, mourut l'an 1115.

Cent-&-vingt-fix Religieux de l'Abbaye de Marmoutiers, martyrizez par les Danois.

S. Droctoalde, Evêque d'Auxerre. VI. fiecle.

9. S. Maturin, Prêtre en Gatinois. V. fiecle.

S. George, premier Evêque de S. Paulin, dont l'Evêché a efté transferé au Puy en Vellay. II. fiecle.

S. George, Evêque de Lodeve. V. fiecle.

S. Ragnulphe, Martyr à Arras.

10. XXV. Dimanche aprés la Pentecofte.

Saints Tubery, Modeste, & Sainte Florence, Martyrs à Cessarion, qui estoit entre Agde & Pezenas. IV. siecle.

S. Spase, Martyr à Andely. III. siecle.

S. Moniteur, Evêque d'Orleans. V. siecle.

11. S. Martin, Evêque de Tours. IV. siecle.

S. Veran, Evêque de Lion. V. Siecle.

S. Veran, Evêque de Chalons sur Saone. V. siecle.

S. Verain, Evêque de Cavaillon en Provence. VI. siecle.

12. S. René Patron d'Angers. V. siecle.

S. Paterne, Moine de S. Pierre le vif, Martyr à Sens l'an 726.

5. Isicie, Evêque de Vienne. VI. siecle.

Autre Evêque de même nom, siecle, & Eglise.

S. Leon, Evêque de Sens. VI. siecle.

13. S. Mitri, Martyr d'Aix en Provence. IV. siecle.

S. Gendulfe, Evêque Regionnaire, mort à Celle Saint Genou. VII. siecle.

S. Brice, Evêque de Tours. V. siecle.

S. Abbon, Abbé de Fleury, Martyr en Gascogne. XI. siecle.

Sainte Maxellende Vierge, Martyre, Diocese de Cambray. IX. siecle.

14. S. Saens, Abbé, au pays de Caux en Normandie. VII. siecle.

S. Adorateur, Martyr en Auvergne. IV. siecle.

Sainte Venerande, Vierge & Martyre. II. siecle.

15. S. Malo, Evêque d'Aleth en Bretagne. VI. siecle.

S. Eugene, Martyr à Deüil en Parisis. III. siecle.

S. Leonce, second du nom, Evêque de Bourdeaux. VI. siecle.

S. Pavin, Abbé au pays du Maine. VI. siecle.

S. Geri, Evêque de Cahors, mourut l'an 634.

S. Cessator, Evêque de Limoges.

S. Junian, Solitaire à Saint Junian de Nouaillé,

Diocese de Poitiers. VI. siecle.

16. S. Eucher , Evesque de Lion. V. siecle.

S. Eucher le jeune , suffragant de la Metropole d'Arles. VI. siecle.

S. Leonian , Abbé à Vienne. V. siecle.

Sainte Barsamie , nourrice de S. Remi , à Reims. VI. siecle.

17. XXVI. Dimanche d'aprés la Pentecoste.

S. Agnan , Evesque d'Orleans , mourut l'an 453.

S. Gregoire , Evesque de Tours , rendit son ame à Dieu l'an 595.

S. Naamat , Evesque de Vienne. VI. siecle.

18. S. Odon , Abbé de Cluni , & premier Instituteur de la Congregation Monastique de ce nom , mourut l'an 942.

S. Oricole & deux Vierges ses parentes, Martyrs à Senuc dans le Dormois, Diocese de Reims. VI. siecle.

S. Theofred , Martyr dans l'Abbaye de Soulognac , Diocese de Limoges. VI. siecle,

S. Theofred , Martyr à S. Chaffre , Diocese du Puy en Vellay. VIII. siecle.

S. Romphaire , Evesque de Coutances. V. siecle.

S. Mombol, Abbé de S. Pierre de Lagni sur Marne. VII. siecle.

Sainte Aude , Vierge , à Paris. VI. siecle.

19. S. Patrocle , Prestre reclus en Berri , mourut l'an 576.

S. Jacques , Solitaire en Berri , rendit son ame à Dieu l'an 865.

SS. Severin , Exupere & Felicien , Martyrs à Vienne. II. siecle.

S. Simplice , Evesque d'Autun. IV. siecle.

S. Theodemir , Religieux au Monastere de Saint Mesmin.

20. Saint Felix de Valois , collegue de S. Jean de Matha , dans l'Institution de l'Ordre de la Trinité pour la Redemption des Captifs , mourut l'an 1212.

Sainte Mexence, Vierge Martyre en Beauvaisis. VI. siecle.

S. Silvestre, Evêque de Chalons sur Saone. VI. siecle.

S. Apotheme, Evêque d'Angers. III. siecle.

S. Mandé, en Bretagne à l'embouchure de la riviere de Triduc. VIII. siecle.

S. Eudon, Religieux du Monastere de Lerins. V. siecle.

21. La Présentation de la Sainte Vierge au Temple, Feste au XIV. siecle

S. Colomban, Abbé Fondateur de Luxeu en Bourgogne, mourut l'an 615.

S. Namphase, Confesseur à Cahors. VIII. siecle.

S. Autbot, Confesseur, Patron de Vancourt prés Arras.

S. Albert, Evêque de Liege & Cardinal de la S¹⁰ Eglise Romaine, Martyr à Reims. XII. siecle.

22. S. Pragmatie, Evêque d'Autun. VI. siecle.

S. Colomban, Religieux du Monastere de Luxeu. VII. siecle.

23. S. Clement Apostre de Metz. II. siecle.

S. Phaletre Prêtre à Chabris, Diocese de Bourges. III. siecle.

24. XXVII. Dimanche aprés la Pentecôte.

S. Pourcain, Abbé en Auvergne. VI. siecle.

S. Romain, Prestre à Blaye en Guyenne, Diocese de Bourdeaux. IV. siecle.

25. Sainte Catherine, Vierge, Martyre, Feste au XIII. siecle en France.

S. Just, Prestre à Limoges. IV. siecle.

26. S. Bale, Ermite en Champagne. VII. siecle.

S. Aimé, Evêque d'Autun. II. siecle.

27. S. Maxime, Evêque de Riez en Provence. V. siecle.

S. Busice, Ermite en Berri, ensuite Abbé de Celles. VI. siecle.

S. Acaire, Evêque de Noyon, & de Tournay, mourut l'an 639.

18. S. Ruph, Martyr à S. Malo.

S. Hilaire Senateur, & Sainte Quiete sa femme, à Dijon.

29. *Vigile. Jeûne.*

S. Saturnin, premier Evêque de Toulouse, Martyr. III. siecle.

30. S. André, Apôtre, Martyr, I. siecle, Feste dés le VIII. siecle en France.

S. Troyen, Evêque de Saintes, mourut l'an 532.

S. Tugal, Evêque de Lexobie en Bretagne, Patron de Treguier, Laval au Maine, & de Château-Landon en Gatinois. VI. siecle.

DECEMBRE.

1. Premier Dimanche de l'Avent.

S. Eloy, Evêque de Noyon & de Tournay, mourut l'an 659.

S. Leonce, Evêque de Frejus en Provence. V. siecle.

S. Constantien, Solitaire au pays du Maine. VI. siecle.

S. Domnole, Evêque du Mans, mourut l'an 581.

S. Ilck, Evêque de Mende.

S. Florentin, Prêtre au Château d'Amboise.

2. SS. Vray & Scur, Martyrs. III. siecle.

3. S. François Xavier, Apôtre des Indes, mourut l'an 1552.

S. Antheme, Evêque de Poitiers, Martyr. VIII. siecle.

S. Eloquie, Prêtre Abbé, Diocese de Laon. VII. siecle

4. S. Siran, premier Abbé de Lourci, à présent S. Siran en Braine, Diocese de Bourges. VII. siecle.

S. Siran Abbé de S. Calez sur la riviere d'Anisle, Diocese du Mans. VII. siecle.

Sainte Bertoare, Patrone de Sale, Diocese de Bourges. VII. siecle.

5. S. Rachon, Evêque d'Autun, mourut l'an 530.

6. S. Nicolas, Evêque de Myre, III. siecle ; sa Feste est en France au IX. siecle.

S. Girard, Religieux de Cluni au Monastere de la Charité sur Loire. XI. siecle.

Sainte Gertrude, veuve, Abbesse & Fondatrice d'un Monastere prés Doüay.

7. S. Martin, Abbé à Saintes, & Saint Euttope son successeur. V. siecle.

Sainte Fare, Vierge, Abbesse de Faremoutier en Brie. VII. siecle.

S. Geraud, Evêque de Bayeux. VII. siecle.

8. II. Dimanche de l'Avent.

S. Hildeman, Evêque de Beauvais. IX. siecle.

S. Romaric, Abbé, Evêché de Toul. VI. siecle.

S. Leonand, Anacorete à Chateaudun, Diocese de Chartres.

La Conception de la Sainte Vierge Marie, Feste établie au XII siecle.

9. S. Subran, Abbé à Perigueux. VI. siecle.

S. Nectar, Prestre en Auvergne. III. siecle.

Sainte Balde, Vierge, Abbesse de Joüarres, Diocese de Meaux. IX. siecle.

10. Sainte Valerie, Vierge & Martyre à Limoges. III. siecle.

S. Edibe, Evêque de Soissons. V. siecle.

S. Sindulphe, Evêque de Vienne. VII. siecle.

S. Sindulphe, Prestre, à l'Abbaye de Hautvilliers, Ordre de S. Benoist à Reims.

11. SS. Fulcien, Victoric & Gentien, Martyrs au Village de Sainctz prés d'Amiens. IV. siecle.

12. S. Valery, Abbé, au pays de Vimeu en Picardie, mourut l'an 622.

13. S. Aubert, Evêque de Cambray & d'Arras, mourut l'an 668.

S. Josse, Prestre en Ponthieu, rendit son ame à Dieu l'an 668.

Sainte Apre, fille de S. Hilaire, à Poitiers. IV. siecle.

14. S. Nicaise, Evêque de Reims, Sainte Eutrope sa sœur, & leurs Compagnons, Martyrs. V. siecle.

S. Foulcuin, Evêque de Therouanne, mourut l'an 855.

15. III. Dimanche des Avents.

S. Mesmin, Abbé de Micy prés d'Orleans, & Saint Euspice son oncle. VI. siecle.

16. S. Adon, Evêque de Vienne, mourut l'an 875.

S. Judicael, Prince de la Petite Bretagne. VII. siecle.

S. Remi, Evêque de Lion. IX. siecle.

S. Evrard, Duc & Comte de Frejus. IX. siecle.

17. S. Guillaume, Duc de Normandie, Martyr prés Corbier, Diocese d'Amiens. X. siecle.

S. Bernard, Evêque de Die en Dauphiné. XII. siecle.

18. *Quatre-Temps.*

Feste de l'Expectation de la Sainte Vierge, ou de l'O.

S. Gatien, Apôtre & premier Evêque de Tours. III. siecle.

S. Flavit, Prestre à Marcilli sur Aube, Diocese de Troyes.

19. S. Gregoire, Evêque d'Auxerre. VI. siecle.

S. Bernard d'Agen, Evêque de Tolede. XVI. siecle.

20. *Jeûne.*

S. Ursicin, Moîne à Luxeu. VI. siecle.

21. *Jeûne.*

S. Thomas, Apostre. I. siecle.

22. IV. Dimanche de l'Avent.

S. Honoré, Evêque de Toulouse. III. siecle.

S. Blidian, Evêque à Vienne. VI. siecle.

23. S. Dagobert Roy de France en Austrasie, second du nom, Martyr, Patron de Stenay en Lorraine. VII. siecle.

S. Yves, Evêque de Chartres, mourut l'an 1115.

24. *Jeûne.*

S. Delphin, Evêque de Bourdeaux. V. siecle.

S. Venerand, Evêque d'Auvergne. V. siecle.

25. NOEL, ou Naissance de nostre Seigneur JESUS-CHRIST selon la chair.

S. Pierre Maurice, dit le Venerable, Abbé de Cluni, mourut l'an 1156.

26. S. Estienne, premier Diacre & premier Martyr. I. siecle, & le premier à qui l'Eglise a consacré une Feste.

366 Martyrs en Gastinois. V. Siecle.

27. S. Jean Apostre & Evangeliste. II. siecle.

28. SS. Innocens massacrez pour JESUS-CHRIST au Territoire de Bethléem. I. siecle.

S. Antoine, Moine de Lerins. VI. siecle.

S. Couvoion, premier Abbé de Redon en Bretagne, mourut à Plélan l'an 868.

29. S. Trophime, Evêque d'Arles. III. siecle.

S. Ursin, Apôtre & premier Evêque de Bourges. III. siecle.

S. Evroul, Abbé d'Auche en Hyesmois, Diocese de Lisieux, mourut l'an 596.

30. S. Perpet, Evêque de Tours, rendit son ame à Dieu l'an 491.

31. S. Savinien, premier Evêque de Sens ; Saint Potentien & leurs Compagnons, Martyrs. III. siecle

Sainte Colombe, Vierge, Martyre, à Sens. III. siecle.

S. Frobert, Abbé prés de Troyes en Champagne. VII. siecle,

CATALOGUE DE LIVRES
nouvellement imprimez , qui se vendent à Paris chez CHARLES HUGUIER, ruë de la Huchette, à la Sagesse.

TRAITE' des instructions du Calendrier universel & perpetuel , qui démontre la juste & naturelle durée des revolutions du Soleil , & de la Lune. Ouvrage necessaire à l'Eglise & utile à tout le monde, *in octavo*, 2 l. 5 f.

Maniere pour se bien disposer à la premiere Communion, & de la faire avec fruit, *in 12*, 4 f.

Dissertation sur Victor de Vite , avec une nouvelle vie de cet Evêque , comparée avec celle de Mr Baillet, *in 12*, 15 f.

Instruction pour les Maîtres des Ecoles Chrétiennes, *in 12*, 3 f.

Observationes Criticæ in opus posthumum J. Boscagerii J. C. Clarissimi , cui titulus, Series institutionum Imperatoris Justiniani, &c. Autore Alethophilo Juris utriusque Doctore, in 12, 22 f.

CATALOGUE

CATALOGUE,

Des Livres imprimez à Paris, &
dans quelques autres Villes du
Royaume, pendant le cours de
l'année 1707, avec leurs prix, les
noms des Autheurs, & des Imprimeurs & Libraires chez qui
ils se vendent.

LOUIS GUERIN,
ruë Saint Jacques, à S. Thomas d'Aquin.

Pensées choisies de M. l'Abbé Boileau,
Prédicateur ordinaire du Roy, & l'un des
quarante de l'Academie Françoise, sur differens sujets de Morale, mises par ordre alphabetique, dédiées à Monseigneur l'Abbé
Bignon, *in douze, 2 liv*.

CHARLES ROBUSTEL,
ruë Saint Jacques, au Palmier.

Memoires pour servir à l'Histoire Ecclesiastique des six premiers siecles, justifiez par
les citations des autres Originaux, avec une
Chronologie où l'on fait un abregé de l'Histoire Ecclesiastique & Civile, & avec des Notes pour éclaircir les difficultez des faits &

de la Chronologie, Tome 12ᵉ, qui contient l'Histoire de S. Jérôme, Prestre Docteur de l'Eglise, & de divers autres Saints ou grands hommes morts depuis l'an 420, jusque vers l'an 430, par M. le Nain de Tillemont. Ce volume est précedé de 12 autres, & de 5 de l'Histoire des Empereurs, le tout composant 18 vol. qui se vendent séparément, & le tout 338 liv.

Bibliotheca D. Joannis Giraud, seu Catalogus Librorum quos ipse dum viveret, summa cura, ingentique sumptu colligit.

La difficulté de bien ranger une Bibliotheque, & de faire un Catalogue de Livres, n'est pas petite. Prosper Marchand a suivi dans celui-ci la route commune, il le divise en cinq classe. Dans la premiere, il y met les Livres Theologiques, dans la seconde ceux qui traitent de la Jurisprudence; les Livres Philosophiques sont dans la troisiéme; les belles Lettres sont renfermées dans la quatriéme, & les Historiens dans la cinquiéme, *in* 12, *t. l.* 15 *s.*

Il seroit à souhaiter que quelque habile Bibliothecaire donnât au Public un Catalogue de tous les Livres qui ont estez imprimez, & les meilleures éditions, par ordre de matiere, & par ordre Alphabetique, pour soulager ceux qui étudient.

Annales Ordinis Sancti Benedicti Occidentalium Monachorum Patriarchæ, in quibus non modo res Monastica, sed etiam Ecclesiasti-

*re Hiſtoriæ, non minima pars continetur auſto-
re Domno Joanne Mabillon, Presbytero &
Monacho ejuſdem Ordinis & Congregatione
Sanſti Mauri, Tomus 4. compleſtens res geſtas
ab anno Chriſti 981 annum 1066 incluſive, cum
appendice & indicibus neceſſariis, in folio.*

La conſolation interieure, ou le Livre de
l'Imitation de JESUS CHRIST, ſelon ſon
original, traduit d'un ancien exemplaire nouvellement découvert, plus ample que les Imi-
tations ordinaires, & contenant pluſieurs
differences conſiderables; cinquiéme édition.

HENRY CHARPENTIER,
grande Salle du Palais, au bon Charpentier.

Les Avantures Provinciales. Le Voyage
de Falaize, nouvelle divertiſſante, par M. le
Noble. L'Autheur eſt aſſez connu par la
quantité des Ouvrages qu'il a donnez au Public, l'on ſçait qu'il a beaucoup d'eſprit &
fort enjoué, il le fait paroiſtre dans ces Avantures, & même dans ſon Epiſtre dédicatoire
qu'il adreſſe au Heros de ſon Roman; quoi-
qu'on défende la leſture des Romans par la
perte du temps qu'on y employe ſans en tirer
aucun fruit, celui-ci n'eſt pas de même, les
Beneficiez qui conſomment les revenus des
biens de l'Egliſe, (qui eſt le patrimoine des
Pauvres, & dont ils ſont ſeulement les œco-
nomes,) dans la bonne chere, y trouveront
une fine raillerie qui ne leur plaira pas; Ri-

dendo castigat mores. In douze, 1 l. 10 f.

La Coutume de Normandie, reduite en maximes selon le sens litteral, & l'esprit de chaque Article, par Me Pierre de Merville, Avocat au Parlement, *in quarto.*

Les Delices de l'Italie, contenant la description exacte des Pays, des principales Villes, de toutes les antiquitez & de toutes les raretez qui s'y trouvent. Ouvrage enrichi de figures en taille douce, *4 vol. in douze.*

LA VEUVE FRANÇOIS MUGUET,
ruë de la Harpe, aux trois Rois.

Histoire des deux Conquestes d'Espagne par les Maures. La premiere, faite par Tarif & Mussa sur les Chrétiens ; la seconde, par Abdalasis sur les Maures revoltez, & des revolutions arrivées dans l'Empire des Califs pendant prés de 50 ans, par Abulcacim Tarif Abentarique, l'un de ceux qui ont eu part à la premiere Conqueste, avec la description de l'Espagne, par le mesme Autheur, la vie du grand Almansor par Ali-Abensufian, & quelques Lettres & pieces originales ; le tout traduit de l'Arabe en 1589, par Miguel de Luna, Interprête de Philipes II. Roy d'Espagne ; & mis de nouveau en François par le R. P. Lobineau, Prêtre, Religieux Benedictin de la Congregation de S. Maur, *in douze,*

PIERRE GIFFART,
Rue S. Jacques, à l'Image Sainte Therese.

La Vie du R. P. Pierre Canifius, de la Compagnie de Jesus, par le R. P. Jean d'Origny, de lamefme Compagnie, *in 12.*

Histoire univerfelle des Voyages faits par mer & par terre dans l'Ancien & Nouveau Monde, *in douze.*

Lettre de Mr Mervefin fur l'Histoire de la Poëfie Françoife, à M. *** *Brochure, in 12.*

Lettre de M. *** fervant de réponfe à Mr Mervefin.

Bibliotheque univerfelle des Hiftoriens, contenant leur Vie, l'Abregé, la Chronologie, la Geographie, & la Critique de leurs Hiftoires, un Jugement fur leur ftyle & leur Caractere, & le dénombrement des differentes Editions de leurs ouvrages, *2 vol. in 8.*

Supplément du Journal des Sçavans, du dernier Janvier 1707. Le Titre fait affez connoiftre que ces Meffieurs qui travaillent au Journal des Sçavans, par l'Ordre de l'illuftre Monfeigneur l'Abbé Bignon, ne veulent rien oublier, pour fatisfaire la curiofité des perfonnes fçavantes, ou de ceux qui n'ont pas le loifir de lire les livres entiers. Comme ils ne peuvent chaque mois inferer dans leurs relations tout ce qui fe trouve de nouveau dans la Litterature, ils y ajoûtent un Supplément, *in quarto.*

La Chronologie des Empereurs jufqu'au Regne d'Alexandre le Grand, expliquée & comprife dans des Tables, à la fin du fecond Tome de la Bibliotheque univerfelle des Hiftoriens.

ESTIENNE TRABOUILLET,
Pont au Change, à la Providence.

La veritable Religion cherchée & trouvée, *in douze.*

JEAN-BAPTISTE CUSSON,
Quay des Auguftins, au Nom de JESUS.

Réponfe à une Differtation fur un paffage de Saint Jerôme, *in douze.*

Le Journal des Sçavans pour l'année 1707, chez la veuve de Jean Cuffon, ruë Saint Jacques, à Saint Jean-Baptifte ; c'eft une Analyfe des livres qui s'impriment dans ce Royaume & audehors, nous en avons l'obligation à Meffieurs l'Abbé Raguet, Rafficot, Saurin, Andry, Fraquet, & Miron, qui veulent bien prendre la peine de donner au Public des nouvelles de ce qui fe paffe chaque mois dans la Republique des Lettres ; il s'en eft fait en plufieurs endroits, en Italie par M' l'Abbé Nazari, en Angleterre par M' Hoock pour la Phyfique & Mathematique, à Leipfick par Menkenius, en Hollande par M' Bayle ; le premier qui parut en France, fut en 1666, par M' Salo fous le nom d'He-

douville, il fut continué par Mr l'Abbé
Galois, Mr de la Roque y travailla ensuite,
depuis Mr Cousin en prit la conduite ; enfin
depuis 1702, les Messieurs ci-dessus nom-
mez y travaillent avec succés, *in quarto.*

FRANÇOIS EMERY,
Quay des Augustins, à Saint Augustin.

L'Esprit du siecle, *in douze.*
Commentaire litteral sur tous les livres
de l'Ancien & Nouveau Testament, par le
R. P. D. Augustin Calmet, Religieux Benedictin de la Congregation de S. Vannes &
de S. Hidulphe, la Genese, *in quarto.*

JEAN-BAPTISTE COIGNARD,
rue S. Jacques, à la Bible d'or.

Discours qui a remporté le prix de l'Elo-
quence Françoise, l'an 1707, *in douze.*
Dissertations sur la Poësie Pastorale ou de
l'Idylle & de l'Eglogue, à Messieurs de l'Academie Françoise, par Mr l'Abbé Genest, *12.*
Discours prononcé dans l'Academie Françoise, le jeudi premier Decembre 1707, à
la reception de Mr de Mimure, *in quarto.*

CHARLES OSMONT.
rue Saint Jacques, à l'Ecu de France.

Introductions Theologiques & Morales
sur le Symbole, par feu M. Nicole, *Tome*
2. in douze.

PIERRE-AUGUSTIN LE MERCIER,
ruë S. Jacques, à S. Ambroise.

Histoire des Rois de Sicile & de Naples, des Maisons d'Anjou, dédiée au Roy d'Espagne, *in quarto, 4 liv. 10 sols.*

Traité des maladies les plus frequentes, & des remedes specifiques pour les guerir, avec la methode de s'en servir pour l'utilité du Public & le soulagement des Pauvres ; nouvelle edition, revûë, corrigée & augmentée, par M. Helvetius Medecin de S.A.R. Monsieur le Duc d'Orleans, *in douze, 2 liv.*

Explication des Epîtres de S. Paul, *par une Analyse* qui découvre l'ordre & la liaison du Texte, *par une paraphrase* qui expose clairement & en peu de mots la pensée de l'Apôtre, *& par un Commentaire,* avec des notes, pour le Dogme, pour la Morale, & pour les sentimens de Pieté, dédiée à nostre S. Pere le Pape Clement XI. *3 vol.* ou *4. vol. in douze, 6. liv.*

Instruction spirituelle & pensées consolantes, pour les Ames affligées ou timides, ou scrupuleuses, traduite du Latin de Loüis Blosius, Abbé de Liessies : Avec quelques sentimens d'une Ame penitente, tirez des Saints Peres, par le Pere Brignon, *in douze, 1 liv. 5 sols.*

Les avantages qu'on peut tirer des maladies & des afflictions, avec la maniere d'aider les malades à bien mourir, par le Pere Brignon, *in douze, 1 liv.*

RAIMOND MAZIERES,
ruë S. Jacques, à la Providence.

Homiliæ in Evangeliâ, in quatuor partes divisæ complectentes expositiones Evangeliorum, quæ dominicis aliisque anni diebus, in douze, 8 liv.

Plusieurs Homelies de M. de la Chetardie Curé de S. Sulpice à Paris.

1. Pour le premier jour de l'An, *10 sols.*

2. De la Correction fraternelle, pour le 2e Dimanche de l'Avent, *10 sols.*

3. Sur le peché d'Adam, pour le Dimanche de la Septuagesime, *10 sols.*

4. Sur le Laboureur qui séme, pour le Dimanche de la Sexagesime, *10 sols.*

5. Sur l'Aveugle de Jerico, pour le Dimanche de la Quinquagesime, *10 sols.*

6. Sur la Voye large & la Voye étroite, pour le mesme Dimanche de la Quinquagesime, *10 sols.*

7. Sur le Miracle des cinq pains, pour le 4e Dimanche de Caresme, *10 sols.*

8. Sur la Passion de JESUS CHRIST nôtre Seigneur, *10 sols.*

9. Sur le Bon Pasteur, pour le second Dimanche d'aprés Pasques, *10 sols.*

10. Sur la Priere, pour le Dimanche des Rogations, *10 sols.*

11. Sur l'Econome infidele, pour le 3e Dimanche aprés la Pentecoste, *10 fols.*

12. Sur la Penitence de David, pour le 6e Dimanche aprés la Pentecoste, *10 fols.*

13. Sur les faux Prophetes, pour le 7e Dimanche aprés la Pentecoste, *10 fols.*

14. Sur le Pharifien & le Publicain, pour le 10e, Dimanche aprés la Pentecoste, *10 fols.*

15. Sur la guerison du Sourd & Muet, pour le 11e Dimanche aprés la Pentecoste, *10 f.*

16. Sur le Samaritain, pour le 12e Dimanche aprés la Pentecoste, *10 fols.*

17. Sur les dix Lepreux, pour le 13e Dimanche aprés la Pentecoste, *10 fols.*

18. Sur la veuve de Naïm, pour le 15e Dimanche aprés la Pentecoste, *10 fols.*

19. Sur le Creancier inhumain, pour le 21e Dimanche aprés la Pentecoste, *10 fols.*

20. Sur l'Hemorrhoïsse, pour le 23e Dimanche aprés la Pentecoste, *10 fols.*

21. Sur le Jugement dernier, pour le 24e Dimanche aprés la Pentecoste, *10 fols.*

22. Sur l'Orage appaifé, pour le 4e Dimanche aprés l'Epiphanie, *10 fols.*

23. Sur le jufte Affligé, *10 fols.*

Recüeil d'Homelies, pour les Dimanches, Feftes & autres jours de l'année, 2 *vol. in quarto, 12 liv.*

Catechifme de Bourges, fixiéme Edition, revûe & augmentée, *4. vol. in douze, 8 liv.*

Abbregé du Catechisme de Bourges, *in douze*, 1 *liv.*

L'Apocalypse, expliquée par l'Histoire Ecclesiastique, quatriéme Edition, revûë & augmentée de plusieurs notes & figures, *in quarto*, 6. *livres.*

Ecclesiastica Jurisdictionis vindiciæ, adversus Caroli Fevreti, & aliorum tractatus de abusu, suscepta ab Antonio Dadino Tessara, utriusque juris Professore, & Decano Universitatis Tolosanæ, in quarto. 5 *liv.*

Sentimens d'un Chrétien touché d'un veritable amour de Dieu, tirez de divers passages de l'Ecriture sainte, & representez par quarante-six figures en Taille-douce, par un Solitaire de Sept-Fons; on en donne une tous les mois, *in douze*, 1 *liv.* 10 *sols.*

ANTOINE DEZALLIER,
ruë Saint Jacques, à la Couronne d'Or.

De supernaturalite seu propriâ rationé & excellentia, quâ res supernaturales à rebus naturalibus differunt notiones quædam Theologicæ, in quarto.

Office de la Semaine Sainte Latin & François, à l'Usage de Rome & de Paris, avec l'explication des Ceremonies de l'Eglise, & quelques Prieres tirées de l'Ecriture, pour la Confession & la Communion, & sur les Mysteres que l'on celébre, nouvelle Edition,

a vij

elle est plus correcte & plus belle que les precedentes, *in douze.*

La veuve François Muguet a vendu son fond de Librairie à douze Libraires, chez qui ont peut s'adresser pour avoir les livres qui ont esté imprimez chez ladite Veuve : les Libraires sont,

Pierre Auboin, Quay des Augustins, à la Croix d'or.

Michel Guignard, & Hilaire Foucaut, ruë S. Jacques, à l'Image S. Jean.

Loüis Guerin, ruë S. Jacques, à S. Thomas d'Aquin.

Henry Charpentier, Grande Salle du Palais, au bon Charpentier.

Michel David, Quay des Augustins, à la Providence.

Charles Osmont, rue S. Jacques, au coin de la ruë de la Parcheminerie, à l'Ecu de France.

Charles Robustel, ruë S. Jacques, au Palmier.

Michel Clousier, Quay Malaquest, à la Charité.

Pierre Ribou, Quay des Augustins, à l'Image S. Loüis.

Gabriel Martin, ruë S. Jacques, vis-à-vis la ruë du Plastre, à l'Etoile.

Nicolas Simart, ruë S. Jacques, vis-à-vis la ruë de la Parcheminerie, au Dauphin.

C'est chez eux que se vend l'Histoire de Bretagne, composée sur les Titres & les autres Originaux, par Dom Guy Alexis Lobineau, Prêtre, Religieux Benedictin de la Congregation de S. Maur, enrichie de plusieurs Portraits & Tombeaux en Taille-douce, avec les preuves & pieces justificatives, accompagnées d'un grand nombre de sceaux, le premier Tome contient l'Histoire divisée en vingt-deux Livres. Le second, contient les preuves & pieces justificatives, *in fol.* *45 liv.*

PIERRE HERISSANT,
rüe Neuve nôtre-Dame, aux trois Vertus
& à l'Esperance.

Entretiens de l'Ame devote sur les principales Maximes de la Vie interieure, traduits de deux Opuscules de Thomas à Kempis, *in 12.*

LAURENT D'HOURY,
rüe S. Severin, au S. Esprit.

Cours d'operations de Chirurgie, démontrées au Jardin Royal, par M. Dionis, premier Chirurgien de feu Madame la Dauphine, & à present de Madame la Duchesse de Bourgogne, *in octavo.*

JACQUES ESTIENNE,
rüe S. Jacques, à la Vertu.

Traitez de la Priere publique, & sur les dispositions pour offrir les SS. Mysteres,

& y participer avec fruit, *in douze,* 1 l. 15 f.
La même, *in dix-huit,* 1 *liv.*

Lettres sur divers sujets de Morale & de
Pieté, par l'Autheur du Traité de la Priere,
grand papier, 1 *liv.* 15 f. & en petit papier,
1. *liv.* 10 *sols, in douze.*

Epistres en vers, d'un pere à son fils sur la
peinture, par M. Coipel. *Brochure, in 4, 5 f.*

ESPRIT BILLOT,
ruë de la Harpe, à la Ville de Paris.

*Theologia dogmatica & moralis ad usum
Seminarii Catalaunensis, Tomus secundus, continens tractatus de Incarnatione & gratiâ
Christi,* in douze.

LA VEUVE DE JEAN BOUDOT,
& Jean Boudot fils, ruë Saint Jacques,
au Soleil d'or.

Le Thé de l'Europe, ou les proprietez de
la Veronique, tirées des Observations des
meilleurs Autheurs, & surtout de celles de
Mr Francus Medecin Allemand.

Traité Analytique des Sections coniques
& de leur usage, pour la resolution des Equations dans les problêmes, tant déterminez
qu'indéterminez. Ouvrage posthume de Mr
le Marquis de L'hôpital Academicien Honoraire de l'Academie Royale des Sciences. *in 4.*

Lettre de Mr le Marquis du P..... à un
Gentilhomme de ses amis, sur les Etudes &

sur la Methode de Mr de Morbidi, *in octavo*.

Traité de l'Antimoine contenant l'Analyse chimerique de ce Mineral, & un Recüeil d'un grand nombre d'operations rapportées à l'Academie Royale des Sciences, avec les raisonnemens qu'on a crû necessaires, par Mr Nicolas Lemery de la même Academie, & Docteur en Medecine, *in douze*.

La connoissance des Temps pour l'an 1708, publiée par l'ordre de l'Academie Royale des Sciences, & calculée par Mr Lieutaud de la même Academie, *in octavo*.

Memoires pour l'Histoire des Sciences & des beaux Arts, recüeillis par l'ordre de Son Altesse Sérénissime Monseigneur le Prince Souverain de Dombes, de l'Imprimerie de S. A. S. à Trévoux, se vendoient autrefois chez Boudot, à present c'est Jacques Estienne qui les distribuë chaque mois, ruë S. Jacques. Ces Memoires renferment 166 articles de nouvelles litteraires, d'Allemagne, d'Amsterdam, d'Angleterre, de Dantzic, d'Anvers, de Coppenhague, de Dieppe, de Dijon, d'Edimbourg, de Geneve, d'Hambourg, d'Hollande, d'Iene en Saxe, de Leipsic, de Liege, de Londres, de Lion, de Madrid, de Milan, de Naples, de Paris, de Pont-Amousson, de Pragues, de Rome, de Saumur, de Sicile, de Sienne, de Vienne en Autriche, de Ville-Franche en Beaujolois; le prix de chaque mois est d'une livre. Ceux qui travaillent à cet Ouvrage font les RR. PP. Tournemine, Buffier, Germon, & Hardoüin, de la Compagnie de JESUS.

GREGOIRE DUPUIS,
ruë Saint Jacques, à la Fontaine d'or.

Odes de Mr de la Mothe. . . . . . . avec un Discours fur la Poëfie en general, & fur l'Ode en particulier, *in douze*, 1 l. 16 f.

JEAN DE LAULNE,
rue de la Harpe.

Huit grandes Planches Anatomiques gravées en taille-douce, où font reprefentées au naturel toutes les parties du corps humain, toutes les nouvelles découvertes, le corps de toutes les humeurs, les lieux où elles fermentent & où elles dépofent leurs excremens, avec des marques qui en contiennent l'explication, le tout deffigné & compofé par M.. Bourdon Docteur en Medecine, *in folio*.

NICOLAS LECLERC,
ruë Saint Jacques, à S. Lambert.

Lettres édifiantes & curieufes écrites des Miffions Etrangeres, par quelques Miffionnaires de la Compagnie de JESUS, 7 Recüeils. La premiere Lettre eft du R. P. Gozani, la feconde du R. P. Niel, & la troifiéme du R. P. Fontenay, elles ont eftez données au public par le R. P. Goben, *in douze*.

Jacobi Vanierii è Societate JESU *prædium rusticum,* in douze.

Instructions d'un Pere à sa fille, tirées de l'Ecriture sainte, sur les plus importans sujets concernans la Religion, les mœurs & la maniere de se conduire dans le monde, dédiées à S. A. S. Madame la Duchesse du Mayne ; par le Sieur du Puy ci-devant Secretaire au Traité de la Paix de Riswick. Ce Livre se vend aussi chez François le Breton, *in douze.*

JACQUES LE FEVRE,
grande Salle du Palais, au Soleil d'or.

Traité du Recitatif dans la lecture, dans l'action publique, dans la declamation, & dans le chant, *in douze.*

PIERRE RIBOU,
Quay des Augustins à Saint Loüis.

Abregé de la Sainte Bible en forme de questions & de réponses familieres, tiré de divers Autheurs, divisé en deux parties, l'Ancien & le Nouveau Testament, par D. R. G. Prestre Religieux de l'Abbaye de S. Oüin de la Congregation de S. Maur à Roüen, *in 12, 2 l.*

Pieces de Clavecin qui peuvent se joüer sur le Violon, dédiées au Roy, composées par Mademoiselle de la Guerre, & gravées par H. de Baussen, & se vendent aussi chez Foucault à la Regle d'or, ruë S. Honoré, & chez l'Autheur dans l'Isle Nostre-Dame, ruë Grattiere, *in folio.*

Sonates pour le Violon & pour le Clavecin, dédiées au Roy, composées par Mademoiselle de la Guerre, & gravées par H. Bauſſen, chez les mêmes, *in folio.*

Avantures Galantes de France & d'Eſpagne, *in douze, 2 livres.*

Traduction nouvelle de Miguel de Cervantes, *in douze, 2 livres.*

Le Diable Boiteux, Comedie par Mr Dancourt Comedien du Roy, *in douze.*

Second Chapitre du Diable Boiteux, du même Autheur, *in douze.*

Danae ou Jupiter Criſpin, Comedie en Vers par M **, *in douze.*

La Femme Fille & Veuve, Comedie par Mr le Grand Comedien du Roy, *in douze.*

Criſpin Rival de ſon Maiſtre, Comedie par Mr le Sage, *in douze.*

Tomiris Tragedie de Mademoiſelle Barbier, *in douze.*

La mort d'Ulyſſe Tragedie, par Mr Pellegrin, *in douze.*

Voyage d'Alep à Jeruſalem, *in douze.*

Nouvelle & parfaite Grammaire Françoiſe par le Pere Chifflet, *in douze.*

Biblia Sacra, in quarto.

Hiſtoire de la Virginie, contenant celle de ſon établiſſement & de ſon Gouvernement juſqu'à preſent ; les productions nouvelles du Païs, la Religion, les Loix & les Coûtumes des Indiens naturels, par un Autheur natif & Habitant de ce Païs-là, enrichie de figures en taille douce, *in douze*, 2. *l.* 5. *s.*

Les Campagnes du Roy de Suéde, par Mr Grimaret, *2 vol. in douze, 4 livres.*

Les Délices de l'Italie, contenant une description exacte du Païs, des principales Villes, de toutes les antiquitez, & de toutes les raretez qui s'y trouvent. Ouvrage enrichi d'un grand nombre de figures en taille-douce, *4 vol. in douze, 12 livres.*

Quatre Dialogues entre le Diable Boiteux & le Diable Borgne, par M. le Noble, *brochures, chaque vaut 8 sols.*

Traité de la Parole, *brochure, 8 sols.*

Lucien de la Traduction de N. Perrot Sr d'Ablancourt, avec des Remarques sur la Traduction, nouvelle édition, revûë & corrigée, *3 vol.* ils se vendent aussi chez Jean & Michel Guignard, ruë Saint Jacques, vis-à-vis la ruë du Plaftre, à l'Image S. Jean, *in douze, 6 liv.*

Capiftron nouvelle édition, augmentée d'une Tragedie, & ornée de figures, *in douze, 4 l.*

Regnard, *2 vol. in douze, 4 l. 10 s.*

CLAUDE RIGAUD,
Directeur de l'Imprimerie Royale, ruë de la Harpe.

De Veteribus Regum Francorum diplomatibus, & arte cecernendi antiqua diplomata vera à falsis disceptationes differtationes adverfus R. P. D. Theodorici Ruinartii, & cl. v.

*Justi Fontanini vindicias, atque Epistolas et,
virorum Dominici Lazzarini, & M. Antonii
Gatti,* par le R. P. Germon de la Compagnie
de J E S U S, *in douze.*

Sermons du R. P. Bourdaloüe, de la
Compagnie de J E S U S, *4 vol. in octavo.*

Histoire des démêlez de la Cour de France
avec la Cour de Rome, au sujet de l'affaire
des Corses, par M. l'Abbé Regnier Desmarais, *in quarto.*

LA VEUVE BESNARD,
ruë Saint Jacques.

Panegyricus Academiæ Gallicanæ, prononc-
cé dans le Collège de Loüis le Grand, par le
R. P. Loüis le Camus, de la Compagnie de
J E S U S, *in douze.*

*In Natalibus Serenissimi Ducis Britanniæ
gratulatio, habita intra paucos ab ortu Prin-
cipis dies in Regio Ludovici Magni Collegio
Societatis* J E S U, *ab Andrea le Camus, ejusdem
Societatis Sacerdote,* in douze.

CHARLES LE CLERC,
Quay des Augustins, à la Toison d'or.

La Langue : Le dessein de cet Ouvrage est
de donner par des reflexions courtes, fortes
& unies, des Instructions qui apprennent à
toutes sortes de personnes, comme il faut re-
gler sa langue dans le commerce de la vie
civile, & d'inspirer par l'exemple, la pratique

des Instructions qu'on a données, *in douze, 4 l.*

Les Bequilles du Diable Boiteux, *brochure in douze, 4 f. 6 d.*

Les oreilles de l'Afne d'or , *brochure in douze, 4 fols 6 deniers.*

EDME COUTEROT,
rue Saint Jacques, au bon Pafteur.

La devotion à Noftre Seigneur J E S U S-CHRIST, par le R. P. Vaubert de la Compagnie de JESUS, feconde édition en 2 tomes , chaque tome fe vend féparément. Le premier, renferme une conduite pour Communier faintement. Le fecond, contient, 1º, differentes pratiques d'entendre la Meffe. 2º, Une Methode pour vifiter & entretenir Noftre Seigneur dans les Eglifes. 3º, Les Exercices d'Adoration perpetuelle. 4º, Des Meditations pour l'Octave du S. Sacrement, avec quelques fentimens de Pieté, dans lefquels on doit accompagner Noftre Seigneur quand on le porte, foit en Proceffion, foit aux Malades, *in douze, 4 liv.*

Retraite fpirituelle pour un jour de chaque mois, avec des Reflexions Chrétiennes fur divers fujets de Morale, par le R. P. Jean Croifet de la Compagnie de JESUS, nouvelle édition, revûë, corrigée & augmentée, 3 Tomes, qui fe vendent féparément, *in douze, 5 l.*

La Retraite pour un jour de chaque mois, *1 vol. 3 livres.* Les Reflexions Chrétiennes , *1 vol. 2 livres.*

Canons des Conciles, & Pensées des Peres pour tous les jours de l'année. Traduits en François, avec l'édition Latine, nouvellement revûs & corrigez; où l'on a joint une Table des Matieres tres-ample. On sçait assez le merite de ces Ouvrages, par le grand nombre des Exemplaires qui ont esté vendus, *in douze, 1 liv. 10 sols.*

Retraite spirituelle pour un jour de chaque mois, par le R. P. Jean Croiset, de la Compagnie de JESUS, *3 Volumes, in douze.*

LA VEUVE CLOUSIER,
au Palais, sur le Perron de la Ste Chapelle.

La femme mécontente de son mari, *ce qui est à present tres-commun,* ou Entretien de deux Dames sur les obligations & les peines du Mariage, traduit du Latin d'Erasme, c'est une Traduction d'un des plus agreable Colloque d'Erasme, intitulé *uxor* ΜΕΜΦΙΓΑΜΟΣ, par M. Ferrand de Saint Disant, Intendant & Controlleur de l'Argenterie, & des menus plaisirs & affaires de la Chambre du Roy, *in douze, 10 sols.*

JACQUES COLLOMBAT,
rue Saint Jacques, au Pelican.

Natalis Stephani Sanadomis è Societate Jesu, carmina in Regalem partum mariæ Ludovica Hispaniarum Reginæ, cum figuris, in octavo.

Les Coloques du Calvaire, ou Meditations
fur la Paſſion de Nôtre Seigneur JESUS-
CHRIST, en forme d'inſtructions pour
chaque jour du mois, par M. Courbon,
Preſtre, Docteur en Theologie, Curé de
Saint Cyr. Ce Livre eſt dedié à Meſſieurs les
Preſtres de la Congregation du Calvaire érigée au Mont Valerien prés Paris, l'Auteur
d'abord preſente ſix veritez qui font voir l'u-
tilité de la memoire journaliere de la Paſſion
de Nôtre Seigneur, enſuite il donne huit Avis
neceſſaires pour la pratique de la memoire
journaliere de la Paſſion de Nôtre Seigneur,
auſquels il joint une methode facile pour ceux
qui commencent à faire la meditation, il
marque pour chaque jour du mois un ſujet
de meditation, & pour les principales Feſtes
de l'année, auſquels il joint les Litanies de la
Paſſion; ce Livre eſt tres édifiant & rempli
d'onction, il eſt d'une grande utilité à ceux
qui veulent vivre chrétiennement, *in douze*,
1 livre.

Conduite chrétienne dans le ſervice de
Dieu & de l'Egliſe, contenant des Prieres
& des Inſtructions pour vivre ſaintement,
avec l'Office de la Vierge ſans renvoi, l'a-
bregé & l'eſprit des Evangiles, les Offices &
les Veſpres des principales Feſtes de l'année,
ſuivant le Breviaire Romain & celui de Paris, dediées à Madame la Ducheſſe de Bourgogne, troiſiéme édition, par M. l'Abbé de
Villiers, *in octavo, 1 l. 14ſ.*

Les mêmes Heures. Cette édition est plus ample que la precedente, quoique le Volume soit plus petit, l'on y a inseré les Prieres à l'usage des familles, les Messes des principales Festes de l'année, & quelques Prieres à la Sainte Vierge. On peut dire à la louange de l'Imprimeur, qu'il exelle dans ces sortes d'ouvrages, car outre qu'ils sont fort bien imprimez & trés corrects, ils sont encore purgez de ces revelations apocryphes & ces Prieres suspectes dont sont remplies une infinté d'Heures qui se vendent, toutes les Prieres qui s'y trouvent sont tirées de la sainte Ecriture & des SS. PP. & pleines d'onction, *in douze*, *1 liv.*

Les mêmes, Latines & Françoises, *in trente-deux*, *1 liv. 10 s.*

Les mêmes, Latines, *in trente-deux*, *1 l. 10 sols.*

Pratiques de Pieté, ou les veritables devotions, par le R. P. B. le Maistre, de la Compagnie de JESUS. Ce Livre a esté si bien reçu des personnes pieuses, qu'en voici la septiéme édition. Le dessein de l'Autheur a esté de donner la pratique de la pieté la plus solide, & l'idée de la veritable devotion. Il commence son Ouvrage par une conduite generale pour les veritables devotion, il fait ensuite huit reflexions sur la pratique des vertus, puis il le divise en deux Parties; dans la premiere, il enseigne la pratique des plus

grandes

grandes vertus, il donne un abregé des devotions principales, & une methode parfaite
pour bien faire toutes ses actions ; la seconde,
renferme des entretiens sur la conduite à la
perfection, suivant les maximes de l'Evan-
gile, disposez pour tous les jours de l'année,
selon l'ordre des Offices de l'Eglise, il finit
par la pratique de la confession, communion,
& de l'Oraison mentale, *in douze, 1 l.*

Petit Calendrier de Cour pour l'année
Bissextile 1708, avec le lever & coucher du
Soleil & de la Lune, la durée du jour, &c.
pour Madame la Duchesse de Bourgogne,
chef-d'œuvre dans son espece ; il s'en vend
tous les ans un nouveau de different prix,
selon les differentes reliures, il y en a depuis
5 s. jusqu'à 1 l. 10 s.

Etat du Ciel pendant l'année bissextile
1708, ou Journal de ce qui arrivera chaque
jour de plus considerable dans les mouvemens des Astres, avec les ascensions droites du
Soleil, & celles des principales Etoiles pour
sçavoir l'heure pendant la nuit. Augmenté
d'une methode pour réduire le lever & coucher des Etoiles, & les crepuscules du matin
& du soir, calculez pour Paris, à l'horison
de toutes sortes d'autres lieux, & pour dresser
les Themes celestes. Quoique l'Academie des
Sciences, dont l'illustre Monsieur l'Abbé
Bignon est le Chef, se glorifie avec raison de
posseder les plus sçavans de l'Europe, il luy

manque cependant un Sujet, l'Auteur de ce Livre, qui s'est longtemps caché sous le nom de Beaulieu ; outre l'Etat du Ciel qu'il donne au Public chaque année , nous avons de luy les Ephemerides des mouvemens celestes depuis l'an 1702, jusqu'en 1714, dont les supputations sont assez justes, comme l'on peut voir par le calcul qu'il a fait de l'Eclipse de la Lune arrivée le 16 Avril 1707. *In douze, 10 sols.*

L'Autheur ne trouvera pas mauvais si on le démasque ici , & qu'on luy rende l'honneur qui luy est dû ; c'est M. de Forge, Vicaire de S. Gervais.

PROSPER MARCHAND,
rue Saint Jacques, au Phœnix.

Lettre Pastorale de Monseigneur l'Evêque de Nismes, au sujet de la Croix de S. Gervasi, aux Fideles de son Diocese, *in 8º 5 sols.*

La Sphere du Monde selon l'hypothese de Copernic, presentée au Roy, décrite, démontrée, & comparée avec les Spheres & les Systêmes de Ptolomée & de Tycobrahé , par M. de Vallemont, *in douze.*

ANDRE' PRALARD,
ruë S. Jacques, à l'Occasion.

Traité de la puissance Ecclesiastique & Temporelle, par M. du Pin, *in octav. 4 liv.*
La Vie des Justes, *in douze, 2 liv.*

Le Chemin du Ciel, feconde Edition, augmentée, *in douze*, *2 liv.*

CLAUDE JOMBERT,
Quay des Auguftins, à l'Image Nôtre-Dame.

Secrets & Remedes éprouvez, dont *les* préparations ont efté faites au Louvre, par l'ordre du Roy, par feu M. l'Abbé Rouffeau, augmentez en cette feconde Edition des prefervatifs & remedes univerfels, tirez des animaux, des vegetaux, & des mineraux, ouvrage pofthume, *in douze*, *2 l. 10 f.*

Traité de la goute dans fon état naturel, ou l'art de connoiftre les vrais principes des maladies, avec plufieurs remedes conformes au fyfteme d'Hippocrate, de Galien, & de Vanhelmont, qui fe trouve dans fon vray jour, développé du faux langage & de la fauffe opinion, par M. Aignan Medecin du Roy, & de fon Alteffe Sereniffime Monfeigneur le Prince de Condé, Docteur en Medecine de la Faculté de Padoue, dedié à fon Alteffe Sereniffime Monfeigneur le Duc de Bourbon, *in douze*, *1 liv. 10 fols.*

JEAN MUSIER,
à la defcente du Pont-Neuf, au coin de la rue de Nevers, à l'Olivier.

Abregé des Antiquitez Romaines, *in-vingtquatre*, *12 fols.*

Publii Virgilii Maronis operum Editi

b ij

nova cæteris omnibus emendatior, in 24. 18 f.

FREDERIC LEONARD,
rue S. Jacques, à l'Ecu de Venise.

Le Miffel de Paris, Latin-François, *4 vol. en douze, 13 liv.*

Diurnale Parifienfe, in 24, 2 liv. 5 fols.

JEAN DE NULLY,
rue S. Jacques, à l'Image Saint Pierre.

L'Ame fidele, dirigée dans les Exercices de la Pieté Chrêtienne ; ce Livre eft un précis de l'Ecriture fainte, des anciens Meffels & des Peres de l'Eglife, il eft plein d'onction, *in douze, 1 liv. 10 fols.*

Probleme propofé aux Sçavans fur l'Autheur des ouvrages attribuez à S. Denys l'Areopagite, *in octavo.*

Tradition des SS. Peres & des Autheurs Ecclefiaftiques de tous les fiecles fur la contemplation, où l'on explique le dogme & la pratique de ce faint Exercice ; par le R. P. Honoré de Sainte Marie, Carme Déchauffé ; Livre neceffaire & tres utile à l'Eglife, felon le fentiment des plus habiles Gens, *2 vol. in octavo, 8 liv.*

CHRISTOPHLE BALLARD,
rue S. Jean de Beauvais, au Mont Parnaffe,

Airs ferieux, à boire, & Italiens, chaque mois il s'en imprime un volume ; ce qui compofe douze volumes par a n, les paroles de certains font de divers Autheurs, comme la Mufique de differens Maîtres.

Cantates Françoifes de M. Morin, Livre 11e, *partition in quarto, 3 liv.*

Accompagnemens de violons des deux Livres en deux parties feparées, *douze fols.*

Symphonies de M. Gaultier de Marfeille, *partition in quarto, 2 liv.*

Principe de la Flute Traverfiere, à Bec, & du Hautbois, divifez par Traitez, ornez de Planches, qui fervent de démonftrations, de la maniere de joüer de ces Inftrumens, par M. Hotterre-le-Romain, *in quarto, 1 liv. 10 fols.*

Premier Livre des Trio de M. de la Barre, feconde Edition.

Bradamante, Tragedie en mufique, *partition reliée, in quarto, 8 liv.*

Traité de l'accompagnement de l'Orgue, du Clavecin, & des autres Inftrumens, par M. de S. Lambert. *2 liv.*

Troifiéme Livre des Trio de M. de la Barre, *3 liv. 12 fols.*

Baffe-continue generale des trois Livres de Trio, *3 liv. 12 fols.*

Pieces choifies pour le Clavecin, de differens Autheurs, *in quarto, 1 liv.*

Addition aux Meffes en plein-chant mufical, du PP. Damance Religieux Trinitaire : Ce Livre contient deux Meffes, avec les éle-

vations de tons differens ; les Litanies de la
Sainte Vierge. Les élevations *O Salutaris &*
Panis Angelicus, differentes de celles des
Messes, & le *Domine salvum fac Regem*, de
trois manieres & tons differens, 1 *l.* 10 *s.*

Messe en musique à quatre parties, de M.
Mignon, intitulée *Lætitia sempiterna*, 16 *s.*

Proserpine, seconde Edition, *partition
in fol. 14 liv.*

Premier Livre de Recüeil des meilleurs
Airs Italiens, de differens Autheurs, seconde
Edition.

LA VEUVE DE LEON DE LAUNE,
au Phœnix, Place de Sorbonne.

Grammaire Sacrée, ou Regles pour entendre le sens litteral de l'Ecriture sainte, par
M. Huré, Principal du College de Boncour.
in douze.

IMBERT DE BATS,
rue S. Jacques, à S. Benoist.

Le parfait Geographe, ou l'art d'apprendre la Geographie & l'Histoire, par demandes
& par réponses, troisiéme Edition, revue,
corrigée & augmentée des mœurs, de la Religion, & du Gouvernement de chaque Na-
tion, enrichie de Cartes geographiques,
avec un Traité de la Sphere, dédié à Monseigneur le Chancelier; par M. le Coq. *2 vol.
in douze,* 4 *liv.* 10 *sols.*

MICHEL GUIGNARD,
rue S. Jacques, à S. Jean-Baptiste.

Traité des Donations entre-vifs & testa-mentaires, par Jean-Marie Ricard, Avocat au Parlement, derniere Edition, augmentée de nouvelles Remarques, & de nouveaux Arrests rendus au Parlement de Paris, & autres Cours Souveraines de ce Royaume, & co·.gée de plusieurs fautes & omissions qui s'estoient glissées dans les precedentes.

COMPAGNIE DES LIBRAIRES,

De la connoissance de Dieu, par feu M. Ferrand, avec des Remarques de M.r ... *in douze, 2 liv. 10 sols.*

MICHEL BRUNET,
Grande Salle du Palais, au Mercure.

Les Metamorphoses, ou l'Asne d'or d'A-pulée Philosophe Platonicien, traduites en François avec des Remarques & des Figures à chaque Livre, & le Demon de Socrate du mesme Autheur, *2 vol. in douze.*

JEAN MOREAU,
rue Saint Jacques, à la Toison d'or.

Poësies Françoises de M. l'Abbé Regnier Desmarais, Secretaire perpetuel de l'Acade-mie Françoise. Poësie Toscane, *Poësias Cas-tellanas, Carmina latina ejusdem.* 2. vol.

Le premier contient les Poesies Françoises ;
& le second, les Poesies Italiennes, *in douze.*.

CHARLES HUGUIER,
ruë de la Huchette, à la Sagesse.

Dissertation sur le Droit d'Aubeine, par
Emmanuël de Gama Avocat en Parlement,
in douze, 1 liv. Elle se vendoit en 1707, chez
Charles Moette & Claude Saugrain.

Dissertation sur un passage du second Livre de S. Jerome contre Jovinien, alteré dans
toutes les Editions, & qui est rétabli dans sa
pureté originale, seconde Edition corrigée &
augmentée, avec une Réponse aux Objections du R. P. Coustant Benedictin, *in douze, 15 sols.*

Il est avantageux à l'Eglise que les Ouvrages des Anciens Peres soient purifiez des alte-
rations que la negligence ou ignorance des
Copistes ont fait glisser dans les Manuscrits ;
L'Autheur de cette Piece en a trouvé une tres
considerable dans le second Livre de S. Jerome contre Jovinien, col. 226 de la nouvelle
Edition du R. P. Martianay. *Si omnes qui à
dextris sunt unum, (ut vulgo dicitur,) ἐνοχος,
ad militiam probat,* aussi bien que dans celles
d'Erasme, de Gravius & de Marianus : quoique ce dernier ait approché le plus prés du
sens de S. Jerome, il fait voir jusqu'à la page
35, le défaut des Leçons de ces quatre Sçavans Hommes ; en passant page 30, il rejette

sur la faute de l'Imprimeur un *nequaquam* pour *nequicquam*, qui est non-seulement dans le texte, mais aussi dans les notes du R. P. Martianay. L'Autheur prouve ensuite, qu'il faut mettre *Encoma*, ou *Incuma*, terme de guerre, qui signifioit la mesure dont les Romains se servoient lorsqu'ils enroloient des Soldats : il répond aux Objections du R. P. Coustant, & finit par un Examen d'un passage de Vegece liv. 1. *de re militari*; cette Edition est beaucoup plus ample que celle qui parut en 1706 chez le même Libraire.

Priere Chrêtienne pour les besoins spirituels, par Monsieur de la Coste Docteur en Theologie de la Faculté de Paris, & Curé de S. Pierre des Arcis. Cette Priere a esté si bien reçûë, que l'on en a fait dix Editions, *in seize*.

Le Pater de la Jardiniere; ainsi appellé; à cause que ce fut une bonne Jardiniere, qui le dit ainsi à Monsieur de Flamenville Evêque de Perpignan, lorsqu'il demeuroit à la Communauté de S. Sulpice. Il avoüe, que jamais il n'avoit entendu personne si bien prier Dieu, *in seize*.

Acte d'adoration à JESUS-CHRIST mourant en Croix, *in seize*.

Oraison universelle, *in seize*.

Nouvelle Litteraire adressée aux Savans de France, *in douze*, 5 s.

Regles pour discerner les bonnes & les mauvaises Critiques des Traductions de l'E-

criture-fainte en François, pour ce qui regar-
de la Langue. Avec des Reflexions fur cette
Maxime : *Que l'Ufage eft la regle & le tyran
des Langues vivantes.* Par Monfieur Arnaud
Docteur de Sorbonne , *in douze* , 18 f.

Livres qui fe trouvent chez plufieurs Libraires.

*Oratio habita in Scholis medicorum No-
vembris 1706, à Petro Azevedo Doctore Me-
dico Parifienfi.*

Hiftoire de la Sultane de Perfe & des Vi-
firs, Contes Turcs, compofez en langue Tur-
que par Chez Zadé, & traduits en François
par M. Petit de la Croix Interprete du Roy
pour les Langues Orientales, & Profeffeur en
Langue Arabe au College Royal, *in douze.*

Le Diable Boiteux, *in douze, 2 liv.*

Les Soliloques, les Meditations & le Ma-
nuël de S. Auguftin, Traduction nouvelle ,
par M. du Bois, fur l'édition Latine des
Benedictins de la Congregation de S. Maur ;
avec des Notes, quatriéme édition. Ces Livres fe vendent chez plufieurs Libraires de la
rue S. Jacques & du Palais, *in douze, 2 liv.*

A DIJON.

La défenfe du Vin de Bourgogne. *Defen-
fio Vini Burgundiani,* quatriéme édition.

A AGEN.

Cenfure de Monfeigneur l'Illuftriffime &

Reverendiſſime Evêque & Comte d'Agen, du Sermon prêché dans l'Egliſe des Religieuſes de l'Annonciade de Villeneuve d'Agenois, le 4 Février 1707.

A BOURGES.

Poëme Latin ſur le Fer, par le P. de Sante Jeſuite, ſeconde édition.

A LION,
Par la Societé des Libraires.

Anatomie du Monde Sublunaire, contenant les démonſtrations, les diſpoſitions & mouvemens de toutes les Parties du Globe Elementaire, depuis la circonference juſqu'au centre, par M. le Comte de Fenoyl, *in 8.*

JACQUES GUERRIER.

Traité de Mignature pour apprendre à Peindre ſans Maiſtre, avec une explication des termes de peinture, & un diſcours pour peindre à freſque, *in douze.*

Oraiſons de Ciceron pour Milon, Archias, Marcellus, Ligarius, traduites nouvellement, *in douze.*

CLAUSTRE.

Nouveau Syſtême, ou nouvelle explication du mouvement des Planetes, par M. Villemont, Preſtre, Curé de la Guillottiere, Fauxbourg de Lion, Docteur en Theologie, mis en Latin par M. Falconet Medecin , *in-douze.*

NICOLAS DE VILLE,
rue Merciere.

Hiftoire des Plantes de l'Europe, & des plus ufitées qui viennent d'Afie, d'Afrique & d'Amerique, où l'on voit leur figure, leurs noms, en quel temps elles fleuriffent, & le lieu où elles croiffent, avec un abregé de leurs qualitez & de leurs vertus fpecifiques. Divifée en deux Tomes, rangées fuivant l'ordre du Pinax de Gafpard Bauhin.

A BOURDEAUX.
Claude la Bottiere & Matthieu Chappuis, Imprimeurs,& Marchands Libraires,rue S. James, aux quatre Evangeliftes.

Le Commerce en fon jour, ou l'Art d'apprendre en peu de temps à tenir les Livres de comptes à parties doubles & fimples, par débit & credit, divifé en trois Parties : La premiere, eft un traité nouveau touchant les Changes des Pays étrangers, orné de plufieurs traitez d'hiftoire auffi curieux qu'utiles: La feconde, renferme toutes fortes de queftions les plus délicates du Commerce, avec leurs folutions: La troifiéme, eft un modele brief d'un brouillard, journal & grand livre, le tout appuyé fur les Loix & Ordonnances, & tiré des meilleurs Autheurs tant anciens

que modernes; par le Sieur Gobain, Syndic
des Ecrivains Jurez de la Ville de Bourdeaux,
in folio.

A TOURNAY,

Jacques Vincent à l'Enseigne de S. Augustin,
sur la Place.

Oraison funebre de Messire-Louis-Marcel
de Coëtlogon Evesque de Tournay, Conseiller du Roy en tous ses Conseils, &c. pro-
noncée à Tournay dans l'Eglise du College
de la Compagnie de JESUS, le 21 Juin 1707,
par le P. Philippes de la même Compagnie,
in quarto.

A TOUL,

Alexis Laurent, Imprimeur du Roy & de
Monseigneur l'Evêque.

Histoire Ecclesiastique & Politique de la
Ville & Diocese de Toul, par le R. P. Benoist de Toul, Prestre, Capucin de la Province de Lorraine, *in quarto.*

A TOULOUSE,

La Veuve de Jean-Jacques Boude, Claude-
Gilles le Camus son fils, & Jacques Loyau,
Imprimeurs & Libraires du Roy, à la Po-
terie.

Traité des Droits & des Obligations des
Chapitres des Eglises Cathedrales, tant pendant que le Siege Episcopal est rempli, que
durant la vacance du Siege. Divisé en deux

Parties, par M. du Caffe, Preftre, Docteur
en Theologie, Chanoine, Grand Archidia-
cre, Vicaire General, & Official du Diocefe
de Condon, *in douze.*

A ROUEN,
Nicolas le Boucher, rue Neuve S. Lo.

Abregé de la fainte Bible, en forme de
queftions & reponfes familieres, tiré de differens Autheurs. Divifé en deux Parties,
l'ancien & le nouveau Teftament ; par Dom
R. G. Preftre & Religieux de l'Abbaye
Royale de S. Oüen, de la Congregation de
S. Maur, *in douze*

A TROYES,
Jacques le Févre.

Traité des Maladies de l'œil, & des remedes propres pour leur guerifon, enrichi de
plufieurs experiences de Phyfique, par Maî-
tre Antoine Maître-Jean Chirurgien Juré
du Roy à Meri fur Seine, *in quarto.*

EDITS ET DECLARATIONS
du Roy donnez en 1707.

Le deuxiéme Janvier 1707.

Qui ordonne que durant les mois de Janvier, Fevrier & Mars, les Billets de Monnoye

puiſſent être ſignez des Fermiers & Receveurs Genéraux , & que les intereſts des
Billets convertis ſeront payez à raiſon de cinq
pour cent; & que leſdits Billets pourront être
employez en rentes ſur la Ville de Paris au
denier dix-huit, ſi mieux n'aiment les Porteurs deſdits Billets prendre des rentes au denier dix ou quatorze, ou des promeſſes de la
Caiſſe des Emprunts, en payant moitié en deniers comptans; ſans que les Billets de Monnoye qui reſteront dans le Commerce , puiſſent à l'avenir porter aucun intereſt , & ſans
qu'il puiſſe être fait aucun payement avec leſdits Billets, s'il n'y a au moins un quart de la
ſomme en deniers comptans.

Le quatriéme Janvier 1707.

Portant réunion des Offices d'Inſpecteurs
de la Police à Paris, aux Communautez des
Rouleurs-Courtiers de Vins, & autres qui y
ſont mentionnez , pour ce qui les concerne
ſeulement.

Le onziéme Janvier 1707.

Portant que la levée du dixiéme, ou des
deux ſols pour livre d'augmentation , ſera
continuée ſur tous les revenus des Fermes de
Sa Majeſté & autres, ainſi qu'elle a eſté faite
pendant les années 1705 & 1706.

Le quinziéme Janvier 1707.

Portant que les Commissaires ordinaires
des Guerres, qui ont financé 55000 liv. pour
leurs Charges, joüiront de 2750 liv. de gages
effectifs; & que ceux qui n'ont financé que
40000 liv. joüiront de 2000 liv. de gages effectifs seulement, au moyen de quoy lesdits
gages demeureront fixez sur le pied du denier vingt de leur finance ; & en outre, que
ceux desdits Commissaires ordinaires, qui
sont employez à la Police des Troupes, joüiront de 3150 liv. d'appointemens par an, à
raison de 262 liv. 10 sols par mois, le tout à
commencer au premier Janvier 1707.

Le vingt-cinquiéme Janvier 1707.

Concernant les nouveaux Offices créez en
la Cour des Monnoyes de Lion.

Le premier Fevrier 1707.

Donnée en interpretation de l'Edit du mois
d'Octobre 1706, qui a ordonné que les Ex-
traits des Baptêmes, Mariages & Sepultures,
seront controllez.

Le huitiéme Fevrier 1707.

Portant que les trente mille livres de gages
attribuez aux Auditeurs des Comptes des
Consignations, il en sera distrait vingt mille
livres pour être employez en augmentations
de gages.

Le huitiéme Fevrier 1707.

Qui supprime les Offices de Controlleurs des Greffiers de la Chancellerie du Palais à Paris, & réunit leurs droits à la Communauté des Procureurs au Parlement de Paris.

Le douziéme Fevrier 1707.

Qui dispense la Communauté des Procureurs au Parlement de Paris, de faire parapher ses Registres.

Le sept Fevrier 1707.

Touchant les privileges & exemptions des Prevosts, Lieutenans, Exempts & Greffiers de la Connestablie, pourvûs sur la nomination des Maréchaux de France, & qui sont à leur suite.

Le quinziéme Mars 1707.

Portant que les Eschevins de la Ville de Paris, ne pourront être depossedez de l'Eschevinage, que par le remboursement qui sera fait à chacun d'eux par leurs Successeurs de la somme de vingt mille livres.

Le quinziéme Mars 1707.

Concernant les Droits attribuez aux Controlleurs des Huiles.

Le dix-huit Mars 1707.

Portant que les fonds des Recettes généra-
les seront specialement affectez au payement
des sommes principales & interests des Billets
des Receveurs Generaux des Finances, proce-
dant de la conversion des Billets de Monnoye,
au lieu & place du revenu de la Ferme Generale des Postes qui y avoit esté affecté.

Le dix-neuf Mars 1707.

Portant que les gages attribuez aux Offices de Commissaires-Verificateurs particuliers, créez par Edit du mois de May 1702,
seront payez, tant aux Acquereurs qu'à leurs
veuves & heritiers aprés leur decés, tant & si
longuement qu'ils en demeureront Proprie-
taires, &c.

Le vingt-neuf Mars 1707.

Qui dispense les Officiers de la Chambre
des Comptes de Nantes, d'acquerir les dispen-
ses d'un degré de service, créez par Edit du
mois d'Octobre 1704.

Le neuviéme Avril 1707.

Concernant les Successions des Officiers.

Le douziéme Avril 1707.

Portant que les Billets de Monnoye auront
cours dans l'étenduë du Royaume.

Le dixiéme May 1707.

Qui attribuë des augmentations de gages aux Pourvûs & Titulaires des Offices de Controlleurs des Greniers à Sel, Verificateurs Generaux du Sexté, Jurez-Vendeurs de Porcs; à tous les Officiers Comptables de la Maison du Roy & leurs Controlleurs, aux Privilegiez, Marchands de Vin, Bouchers, Chaircuitiers, & autres suivans la Cour; aux Pourvûs & Titulaires des Offices de Greffiers des Baptêmes, Mariages & Sepultures, & leurs Controlleurs; aux Pourvûs & Titulaires des Offices d'Elus, Controlleurs des Tailles, Controlleurs des Greffes des Hôtels de Ville, aux Conseillers-Secretaires prés les Cours.

Le dix May 1707.

Concernant les fonctions des Conseillers de Police, créez par Edit du mois de Novembre 1706.

Le vingt-quatriéme May 1707.

Concernant les Billets de Monnoye qui ne doivent avoir cours que dans la Ville de Paris, en tous payemens, jusques au premier d'Aoust, pour les trois quarts jusqu'au dernier Juin, & pour les deux tiers à commencer au premier Juillet, sans neanmoins que les payemens de 400 liv. & audessous, puissent estre faits qu'en deniers comptans, &c.

Le vingt-sixiéme May 1707.

Qui unit la Chaire de Professeur en Droit
François de l'Université de Bourges, à une
Place de Docteur aggregé en Droit Civil.

Le trente-uniéme May 1707.

Portant union des Offices d'Inspecteurs
de Police à la Communauté des Controlleurs
de Bois quarré en la Ville de Paris.

Le septiéme Juin 1707.

Qui ordonne que les gages attribuez aux
Officiers Généraux Gardes-Côtes, seront
payez aux Porteurs des Quittances de Finances desdits Offices, du jour qu'elles seront
expediées.

Le quatorziéme Juin 1707.

Qui dispense les Officiers du Parlement
de Paris de faire regittrer leurs Provisions en
la Chambre des Comptes.

Le vingt-septiéme Juin 1707.

Pour la conversion des anciens Billets de
Monnoye.

Le douziéme Juillet 1707.

Qui proroge pendant quatre années la le
vée de cinq sols par cent pesant d'Huiles, en

faveur de l'Hôpital Général de Paris.

Le dix-neuvième Juillet 1707.

Portant que la levée des Droits attribuez aux Inspecteurs des Boucheries, fera continuée pendant six années au profit de Sa Majesté.

Le vingt-sixième Juillet 1707.

Portant qu'au moyen du payement qui fera fait par ceux des Grands Maîtres anciens des Eaux & Forests, qui ont demandé la réunion des Offices d'Alternatifs & Triennaux, des sommes ausquelles les Finances en ont esté reglées, lefdits Offices demeureront réunis aufdits Offices d'Anciens,

Le deuxième Aoust 1707.

Portant que les donations à caufe de mort, & legs faits par Testamens, ou autres difpofitions testamentaires, par les peres, meres ou ayeuls en faveur de leurs enfans, feront exempts des droits d'Infinuation.

Le neuvième Aoust 1707.

Pour la Fabrique de nouvelles Efpeces,

Le neuvième Aoust 1707.

Concernant les Maires Alternatifs, Mi-Triennaux, & leurs Lieutenans.

Le seizième Aoust 1707.

Concernant le privilege des Fermiers du Domaine sur les meubles des Condamnez aux amendes.

Le dix-huitiéme Aoust 1707.

Servant de Reglement pour la Faculté de Droit de l'Université d'Orleans.

Le vingt-troisiéme Aoust 1707.

Qui fait défenses de commercer les Billets de Monnoye non convertis; & qui ordonne, qu'à commencer au premier Septembre 1707, les Billets de Monnoye convertis ne pourront être donnez en payement, que pour la moitié des sommes ausquelles monteront les payemens.

Le vingt-troisiéme Aoust 1707.

Portant qu'il sera encore converti pour cinq millions d'anciens Billets de Monnoye par les Fermiers Generaux.

Le vingtiéme Septembre 1707.

Servant de Reglement pour l'Election des Docteurs agreggez des Facultez de Droit des Universitez du Royaume.

Le vingt-septiéme Septembre 1707.

En explication de l'Edit du mois d'Octobre 1706 , portant création des Offices de Conservateurs des Domaines alienez.

Le quatriéme Octobre 1707.

Servant de nouveau Reglement pour la confection des Rolles des Tailles.

Le dix-huitiéme Octobre 1707.

Concernant l'ufage qui doit être fait tant des anciens que des nouveaux Billets de Monnoye.

Le dix-huitiéme Octobre 1707.

Portant union aux Corps & Communautez d'Officiers de Marchands , Banquiers, Negocians & Artifans qui font Bourfe commune, des Offices créez pour paraphet leurs Regiftres.

Le vingt-neuviéme Novembre 1707.

Portant que les Offices de Maîtres particuliers, Alternatifs & Triennaux des Eaux & Forefts, créez par Edit du mois d'Aouft 1707, demeureront pour toûjours cafuels & fujets au payement du prêt & du Droit Annuel.

Le cinquiéme Decembre 1707.

Qui regle la maniere en laquelle fe fera le payement des interefts des Billets de Monnoye.

Le sixiéme Decembre 1707.

Portant que tous les Actes & Contracts qui ont esté & seront passez par des Notaires, demeurans hors l'étenduë du Royaume, ou dans les Païs où les Controlles des Actes des Notaires & Insinuations Laïques, ne sont pas établis, ne pourront avoir aucune execution ni fonder aucune action en Justice, s'ils n'ont esté controllez & insinuez.

Le sixiéme Decembre 1707.

Portant Reglement pour la Ferme Generale du Tabac.

Le dixiéme Decembre 1707.

Qui unit l'Office de Verificateur particulier des Tittes de Francs-Salez pour le Ressort du Grenier à Sel de Paris, à ceux qui le composent.

Le vingtiéme Decembre 1707.

Qui regle la maniere en laquelle se fera le payement des interests des Billets de Monnoye convertis par les Fermiers & Receveurs Generaux.

Le vingt-septiéme Decembre 1707.

Qui permet la conversion des anciens Billets de Monnoye non reformez, en Billets des Receveurs Generaux des Finances, jusqu'à concurrence de deux millions.

VOCABULAIRE
DES SAUVAGES
Qui habitent les Terres Magellaniques.

A

ALLONS-nous-en, *Alcherba*, ou *Qui-goulga*.

Il s'en va, *Jetlepor*.

Comment cela s'appelle-t-il, qu'elle nom a-t-il? *Aquoistqualga*.

Arbre, *Techelart*.

Arc-en-ciel, *Arcaita*.

Arragnée, *Coplap*.

Aſſez, *Tachly*.

Aſſeoir, *Houche*.

Attacher quelque choſe, *Cubiſchilart*.

Attendez, *Quiatte*.

Attendez un peu, *Quiatte gouldo*.

B

Baiſez-moy, *Cache cache*.

Balai, *Pilconert*.

Bayonnette ou couteau, *Kaipel*.

Balaine, *Aaballa*.

Baſton, *Care*.

Beaufrere, *Achelepet*.

Bernicle ou jambe, eſpece de coquillage de mer, *Gateliche*.

Bois à bruſler, *Cacache*.

c

Bois de Cerf, *Becioul*.

Bois semblable à celui du laurier, dont l'odeur approche du gingembre, fort commun dans ce Détroit, *Tont*.

Bois de pin, *Plaide*.

Bon, *Yega*.

Il est bon, *Yego*.

Bonnet, *Lesthle*.

Bouche, *Affla*.

Branche d'arbre, *Girla*.

Brande, arbuste fort commun qui sert à faire des balais, *Pilcoüet*.

Bras, *Yabedechard*.

Bruit, *Taix*.

Brusler, *Obilla*.

C

Camarade, ami, terme qui leur est propre, & dont ils se servent pour marque d'amitié, *Pacharai*

Canard volant, *Yrarchaux*.

Canard qui ne vole pas, *Atargy*.

Canard tué, *Ireuchlep*.

Canot, navire, barque & tout autre bastiment qui vogue sur mer, *Cherou*.

Carte à jouer, *Japou*.

C'est cela, *cacouchtk*.

Cerf, *Jegel*.

Chanter, *Talchai*.

Chardon ou Oursin, espece de coquillage plein de piquans comme les herissons, *Cabch*.

Aller à la chasse, *Aiscart*.

Il fait chaud, *Apeil*.

Venez me chercher, *Acouatel.*
Cheveux, *Tercas.*
Chien, *Chalqui.*
Ciel, *Acadi,* ou *arcaida.*
Contremaitre, espece d'oiseau, *Pite.*
Col, *Irfetel.*
Coquille d'œuf, *Sichau.*
Cormorans, *Aloa.*
Coucher, *Jetchelor.*
Coudre, *Itabech.*
Couper, *Illay.*
Courant, *Tache.*
Couteau, *Naipel,* ou *istar,* ou *aschelep.*
Faire cuire, *Ifgoura.*
Cuisse, *Gat.*
Cul, *Quedchel.*

D

Demain, *Cala.*
Dent, *Cheredi.*
Dérober, *Acouache,*
Doigt, *Tacabed,* ou *chareal,* ou *tonfi.*
Il est devant, *Coun couchad.*
Donnez-moy, *Chamdechi.*
Dormir, *Torpellan.*
Il est dur, *Aaure.*

E

Eau, *Aret.*
Eau de mer, *Aret chap.*
Eau douce, *Aret perlin.*
Vuider l'eau d'un canot, *Ataptobac.*
Écaille, *Toutiaque.*
Je vais oster l'écaille, *Sichafolodech.*

52

Eclair, *Aanlai delguech.*
Ecorce, *Icouache.*
Embraffez-moy, *Aleftchet.*
Enfant, *Japtigouel.*
Enfanter, *Alla.*
Etoile, *Callache.*
Où eft-il, *Caccüa.*

F

Je fuis fâché, *Atache.*
Je fuis beaucoup fâché, *Atache agouil.*
Je ne fuis plus fâché, *Atache quiep.*
Fallaize, *Chialeap.*
Femme, *Achelep.*
Femme débauchée, *Achelepeli.*
Femme vieille, *Achelep coquelich.*
Fer, *Aftachlai.*
Feu, *Ollai.*
Feuille, *Argol.*
Filets, rets ou feine à pefcher, *Antchli.*
Fils, *Acheplan.*
Flamme, *Stetel.*
Forêts, *Dabdarti.*
Fougere, *Techauric.*
Il fait froid, *Icheche.*
Fronde, *Kelalkai.*
Front, *Arcaol.*
Frere ou fœur, *Hari.*
Fumée, *Telqueche.*
Fufil, *Quirquar.*

G

Glace, *Alabec.*
Gorge, *Ilcart.*

Goute, *Cadae.*
Goyelan, oiseau, *Techienette.*
Gratter, *Cocoualiste.*
Grefle, *Taltacoüache.*
Il est gros ou grand, *Agonil.*
Il est fort gros, *Agonil doux.*
Goymon, *Adigni.*

H

Hache, *Adqui.*
Harpon, *Irquebal,* ou *baldou.*
Herbe, *Chaqualan,* ou *quilgouche.*
Hier, *Arca.*
Homme, *Achelech.*
Un vieil homme, *Achelech coiquep.*
Hoquet, *Dechalaque.*
Hou arbruste, *Dechanere.*
Hirondelle, *Colocotcha.*

I

Jambe, *Katcherbouel.*
Jetter quelque chose, *Caignel.*
Jonc, *Echep.*
Ici, *Lesby.*
Jouë, *Cheltefare.*
Jour, *Cala.*

L

Lamme, ou houle, ou onde de la mer,
    Afria-oicque.
Langue, *Pailcaf.*
Lever ou monter, *Arcap.*
Levez-vous, *Arcaou.*
Levre, *Astiric.*
Il y a loin, *Aoule.*

54

Loup marin, *Alcouetechta.*
Loutre, *Laten aauchelap.*
Lune, *Yacabercharloc.*
Luy, *Hautte.*

M

Maison, *Hafthc.*
J'ay mal, *Affle.*
Mammelle, *Careſchi.*
Mangez, *Laplap.*
Menton, *Eſcart.*
Marſouin, *Cablona.*
Marchez, *Pouida.*
Menteur, *Tacarel.*
Vous mentez, *Tacaré.*
Mer, *Chapte.*
Haute mer, *Ailliecheta.*
Miroir, *Aicher.*
Montagne, *Argacart.*
Se moucher, *Loutche quiſquer.*
Mon ou ma, *Abcke.*
Montrez-moy, *Eſcotelai.*
Moucles ou moules, *Apthli aplechouné.*
Mouſe, *Dechaſiche.*
Moy, *Quiontchi.*

N

Neige, *Ledchcbeche.*
Nez, *Louteche.*
Nombril, *Couchetai.*
Il fait noir, *Cabeſtahonne.*
Non, *Cadays.*
Nuë, *Ayel.*
Nuit, *Alouuy.*

O

Oeuf, *Lescheli.*
Oeuf couvé, *Ouat cholidqumi.*
Oiseau, *Atchiten.*
Ongle, *Testelou.*
Oreille, *Couercœl.*
Orteil, *Tourte coualgue.*
Orties, *Quiverap.*
Outardes, *Istap-anatchol.*
Ouye, *Couan.*
Ouy, Certe, *Allons.*

P

Pagaye ou avirons, *Couaigni.*
Panier, *Daye ecabeh.*
Parties nobles de l'homme, *Ygre.*
Parties du corps de la femme, que la pudeur
   défend de nommer, *Causte.*
Je vais partir, *Alchi.*
Peau, *Alac.*
Peau dont ils se servent pour leurs vêtemens
   & toutes sortes d'habillemens, *Itap.*
Pet, *Ache.*
Petit ou peu, *Icot.*
Il est fort petit, *Icot doux.*
Pipe à fumer, *Aipa.*
Pluye, *Detchacoual.*
Poison, *Orolle, orone-joufen.*
Prairie, *Chalcayo.*
Porter, *Achetacar.*
Pour moy, *Leirechon.*
Il est pourri, *Pasqueche.*
Prenez, *Qualan.*

R

Ramer, Pagayer, *Oyeque*.
Je te le renderai, *Yatoulay*.
Regarder, *Qualcona*.
Retournons, *Afcayen*.
Il revient, *Leour*.
Rien dutout, *Quepy*.
Rire, *Pechil*.
Riviere, *Sterler*.
Roche, *Chardol*.
Roignon, *Atecona*.
Rompre, *Acal*.
Rot, *Cacard*.
Rouler, *Ticonal*.
Ruiſſeau, *Cherefchler*.

S

Sable, *Akaly*.
Je ne ſçay pas, *Aiquet*.
Seau, *Ouarta couare*.
Serpe, *Aypel*.
Faire un ſignal, *Courcoueche*.
Soleil, *Arloc*.
Souffler, *Chiavache*.
Soufflet, *Affilabech*.
Sourcil, *Titcheri*.
Soury, *Afcaiſelap*.

T

Tenez, prenez, *Chelou*.
Terre, *Alquet*.
Teſte, *Yacabedchepy*.
Teton, *Ourque*.
Tonnerre, *Tacal*.

Tournez-vous, *Abrilef.*
Il fait beau temps, *Quefepgure.*
Toy ou vous, *Chaaffe.*

V

Cela ne vaut rien, *Quiep.*
Vatre, *Irfel.*
Viens, *Laxcara.*
Vent, *Alache.*
Ventre, *Gabedic.*
Voulez-vous venir, *Yodger.*
Voir, *Lache.*
Uriner, *Queffer.*

Y

Yeux, *Titeche.*

APPROBATION.

J'Ay lû par ordre de Monseigneur le Chancelier, l'*Almanach Bibliographique, &c.* dans lequel je n'ay rien remarqué qui en dût empêcher l'impression. Fait à Paris ce premier Decembre 1708. RAGUET.

PRIVILEGE DU ROY.

LOUIS PAR LA GRACE DE DIEU, ROY DE FRANCE ET DE NAVARRE: A nos amez & feaux Conseillers les Gens tenans nos Cours de Parlement, Maîtres des Requêtes ordinaires de notre Hôtel, Grand Conseil, Baillifs, Sénéchaux, Prevôts, leurs

Lieutenans, & à tous autres nos Officiers & Justiciers qu'il appartiendra, SALUT. Notre bien aimé CHARLES HUGUIER, Libraire en notre bonne Ville de Paris, nous a fait exposer, que pour satisfaire la louable curiosité des personnes qui cultivent les Sciences & les beaux Arts, il a cru qu'il seroit une chose qui leur seroit agreable & au Public, s'il pouvoit donner tous les ans une note de tous les Livres qui s'impriment en France en tous genres de litterature & sur toutes sortes de sujets, dans un volume commode & portatif, qui aura pour titre, *Almanach Bibliographique, ou Calendrier, contenant les Fêtes des Saints qu'on solemnise en France, avec un abregé de leurs vies, & le temps de leurs morts, les differentes phases de la Lune, & un Catalogue de tous les Livres qui auront esté imprimez dans le Royaume pendant le cours de l'année precedente;* mais comme il ne peut travailler à cet Ouvrage sans nos Lettres de Permission sur ce necessaires, il a recours a nous pour luy être sur ce pourvu. A CES CAUSES, voulant favorablement traiter l'Exposant, nous luy avons permis & accordé, permettons & accordons par ces Presentes, de faire imprimer, vendre & debiter dans tous les lieux de notre obeïssance, par tel Imprimeur qu'il voudra choisir; ledit Almanach Bibliographique ou Calendrier, contenant les Fêtes des Saints qu'on solemnise en France, avec un abregé de leurs vies, & le temps de leurs morts, les

differentes phases de la Lune, & un Catalogue de tous les Livres qui auront esté imprimez dans le Royaume pendant le cours de
l'année precedente, en tant de volumes, de
telle marge, caractere, & autant de fois que
bon luy semblera, l'espace de trois années
consecutives, à compter du jour & date des
Presentes. Défendons à tous Imprimeurs,
Libraires & autres personnes de quelque qualité & condition qu'elles soient, d'imprimer,
faire imprimer ou contrefaire, vendre ni debiter ledit Almanach & Catalogue, & d'en
faire aucun extrait sous quelque prétexte que
ce puisse-être, même d'impression étrangere,
sans le consentement par écrit de l'Exposant,
ou de ses ayans causes, sous peine de quinze
cens livres d'amende contre chacun des con-
trevenans, applicable un tiers à Nous, un tiers
à l'Hôtel-Dieu de Paris, & l'autre tiers à
l'Exposant, de confiscation des Exemplaires
contrefaits, & de tous dépens, dommages
& interests, à condition de faire enregistrer
ces Presentes dans trois mois du jour de leur
date, sur le Registre de la Communauté des
Imprimeurs & Libraires de Paris, que l'impression dudit Livre sera faite en beaux carac-
teres, sur de beau papier, dans notre Royaume & non ailleurs, conformément aux Reglemens de la Librairie, & qu'avant l'expo-
sition dudit Livre en vente, il en sera mis deux
Exemplaires dans notre Bibliotheque publique, un dans le Cabinet de nos Livres en notre

Château du Louvre, & un dans la Bibliotheque de notre tres cher & feal Chevalier Chancelier de France, le Sieur Phelypeaux Comte
de Pontchartrain, Commandeur de nos Ordres; le tout à peine de nullité des Presentes.
Du contenu desquelles Nous vous mandons
& enjoignons de faire jouir & user l'Exposant
pleinement & paisiblement, sans souffrir qu'il
en soit aucunement empêché. Voulons aussi
que la copie des Presentes, qui sera tout au
long imprimée au commencement ou à la fin
dudit Livre, soit tenue pour duement signi-
fiée, & qu'aux copies qui en seront collation-
nées par l'un de nos amez & feaux Conseillers-Secretaires, foy soit ajoutée comme à
l'original. Commandons au premier notre
Huissier ou Sergent de faire pour l'execution
des Presentes, tous Actes requis & necessaires, sans demander autre permission, non-
obstant Clameur de Haro, Charte Norman-
de, & Lettres à ce contraires : CAR tel est
notre plaisir. DONNE' à Versailles le dernier
jour de Decembre l'an de grace mille sept
cens sept ; & de notre Regne le soixante-
cinquieme. *Signé*, Par le Roy en son Conseil,
LAUTHIER.

*Registré sur le Registre N° 2, de la Communauté des
Libraires & Imprimeurs de Paris, page 2 , conformé-
ment aux Reglemens, & notamment à l'Arrest du 18
Aoust 1703. A Paris ce 5 Janvier 170 .*
Signé, *LOUIS SEVESTRE.*

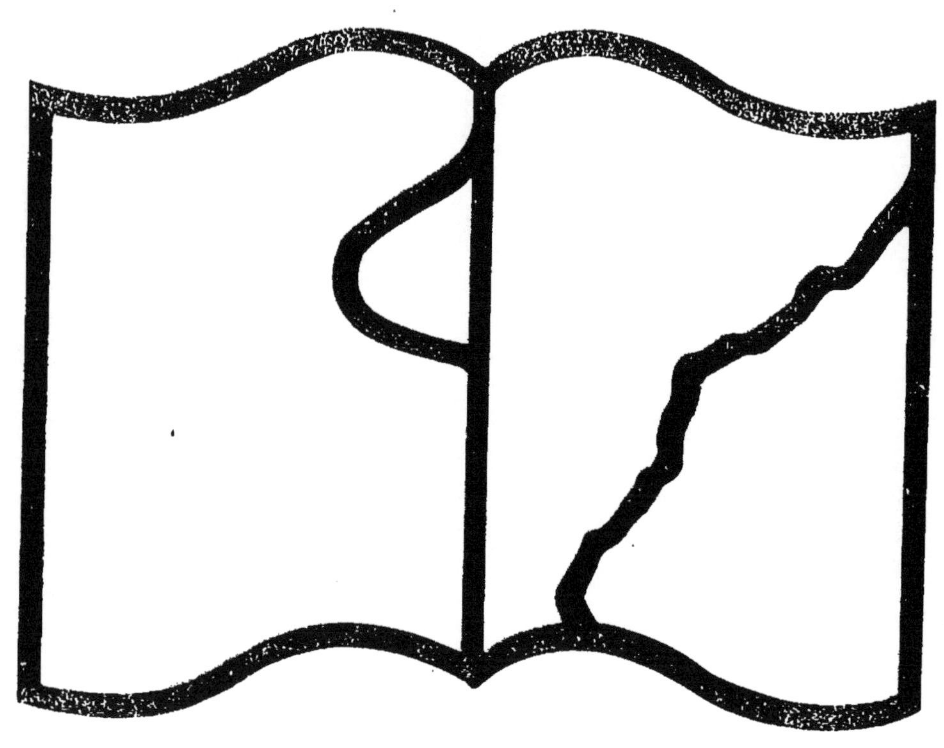

Texte détérioré — reliure défectueuse

NF Z 43-120-11

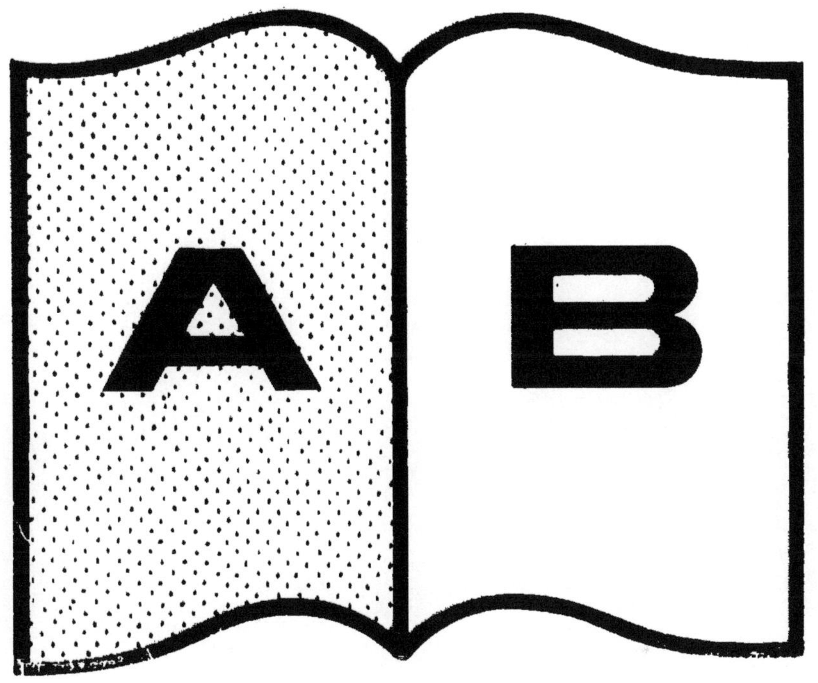

Contraste insuffisant

NF Z 43-120-14